EL VIRAJE A LA INDUSTRIA
Forjando un partido proletario

TAMBIÉN DE JACK BARNES

LIBROS Y FOLLETOS
El historial antiobrero de los Clinton (2016)
¿Son ricos porque son inteligentes? Clase, privilegio y
 aprendizaje en el capitalismo (2016)
Malcolm X, la liberación de los negros y el camino al poder
 obrero (2009)
Cuba y la revolución norteamericana que viene (2007)
Su Trotsky y el nuestro (2002)
Malcolm X habla a la juventud (2002)
La clase trabajadora y la transformación de la educación (2000)
El desorden mundial del capitalismo (2000)
El rostro cambiante de la política en Estados Unidos (1999)

DE LAS PÁGINAS DE 'NUEVA INTERNACIONAL'
Ha comenzado el invierno largo y caliente del capitalismo (2005)
Nuestra política empieza con el mundo (2005)
El imperialismo norteamericano ha perdido la Guerra Fría (1999)
Los cañonazos iniciales de la tercera guerra mundial (1991)
La política de la economía: Che Guevara y la continuidad
 marxista (1991)
The Fight for a Workers and Farmers Government in the US (1985)

COLECCIONES E INTRODUCCIONES
Los tribunos del pueblo y los sindicatos (2019)
Rebelión Teamster/Dobbs (2004)
La historia del trotskismo americano/Cannon (2002)
The Eastern Airlines Strike/E. Mailhot (1991)
FBI on Trial (1988)

EL VIRAJE A LA INDUSTRIA

Forjando un partido proletario

Jack Barnes

PATHFINDER
NUEVA YORK LONDRES MONTREAL SYDNEY

Editado por Steve Clark y Mary-Alice Waters
Texto en español a cargo de Martín Koppel

Copyright © 2020 por Pathfinder Press
Todos los derechos reservados
All rights reserved

ISBN 978-1-60488-112-7
Número de Control de la Biblioteca del Congreso
(Library of Congress Control Number) 2019956206

Impreso y hecho en Canadá
Manufactured in Canada

DISEÑO DE LA PORTADA: Toni Gorton

FOTOS DE LA PORTADA, EN SENTIDO DEL RELOJ, DESDE ARRIBA:

Febrero 1979: Piquetes de huelga en astillero de Newport News, Virginia, quienes lograron el reconocimiento del Local 8888 del sindicato del acero. Su victoria mostró cómo la lucha por los derechos de los negros fortaleció el movimiento obrero. (*Getty*)

Abril 1985: Contingente sindical en marcha en Los Ángeles exige que Washington cese apoyo al régimen sudafricano del apartheid. (*Pat Nixon/Militante*)

Diciembre 2003: Huelguistas durante campaña de sindicalización en mina de carbón Co-Op en Huntington, Utah. (*Tamar Rosenfeld/ Militante*)

Marzo 1981: Manifestación en Washington unas semanas antes de que 160 mil mineros lanzaran paro nacional de 10 semanas. El cartel dice, "Polvo de carbón mata a mineros". (*Stu Singer/Militante*)

Noviembre 2019: Huelguistas y familiares en Columbia Británica, Canadá, forman piquetes contra ferrocarril Canadian National. Exigían reducción de horas y condiciones más seguras. El cartel dice, "Seguridad ferroviaria es seguridad pública".

Pathfinder
www.pathfinderpress.com
E-mail: pathfinder@pathfinderpress.com

TABLA DE MATERIAS

Acerca del autor 7

Introducción
Jack Barnes, septiembre de 2019 9

Conducir el partido a la industria
febrero de 1978 27

Obreros del acero luchan por recuperar su sindicato
abril de 1977 69

Veinticinco lecciones: El primer año del viraje
agosto de 1979 75

Trabajo sindical y construcción del partido en las zonas mineras de carbón
Ken Shilman, febrero de 1980 141

La formación de un burócrata sindical
Marvell Scholl, abril de 1972 161

El viraje y la construcción de un movimiento comunista mundial
noviembre de 1979 167

'El comunismo no es una doctrina sino un movimiento'
abril de 1979 195

Glosario 201
Índice 217

PLIEGOS DE FOTOS DESPUÉS DE LAS PÁGINAS 26, 56, 70, 136

OTRAS FOTOS E ILUSTRACIONES

Huelga en Stearns, Kentucky, y paro nacional de
110 días del Sindicato Unido de Mineros, 1977–78   43

Convenio de una página, *Northwest Organizer*,
febrero 1937   48

Huelga de camioneros independientes, 1979   87

Huelga de colectores de basura en Memphis, 1968; marcha
por derecho al aborto, Washington, DC, 1971   88

"¡Alto a las ejecuciones en Irán!" en 1979   99

Obreros de costura en San Francisco reclaman pago de
salarios atrasados, 1992   100

Huelga de los Teamsters, Minneapolis; campaña de
sindicalización en el Medio Oeste; campaña sindical
antiguerra, 1934–38   108–9

Obreros agrícolas en Valle de Yakima luchan por
sindicato, 1987; caravana de tractores, 1979,
Washington, DC   118

Acciones solidarias del sindicato del acero,
Baltimore, 1978, 1979   132

Paro de mineros en Virginia del Oeste obliga a empresa
a restituir a candidato socialista despedido, 1982   159

ACERCA DEL AUTOR

Jack Barnes es secretario nacional del Partido Socialista de los Trabajadores. Se integró al PST en mayo de 1961 y ha sido miembro del Comité Nacional del partido desde 1963 y su secretario nacional desde 1972.

Barnes se unió a la Alianza de la Juventud Socialista (AJS) en diciembre de 1960, poco después de un viaje a Cuba en julio y agosto de ese año. A su regreso, ayudó a organizar en Carleton College, Minnesota, uno de los capítulos universitarios más grandes y activos del Comité Pro Trato Justo a Cuba. Desde que se integró al PST ha sido un dirigente del trabajo del partido en defensa de la revolución socialista cubana.

Siendo organizador de la rama del PST en Chicago y organizador de la AJS en el Medio Oeste, Barnes fue uno de los dirigentes centrales de la exitosa campaña de cuatro años para defender a tres miembros de la AJS en Bloomington, Indiana, quienes fueron acusados en 1963 de "congregarse" para abogar por el derrocamiento del Estado de Indiana por la fuerza y la violencia. En 1965 fue elegido presidente nacional de la AJS y llegó a ser director del trabajo del PST y la AJS para impulsar el creciente movimiento contra la guerra de Vietnam. En enero de 1965 Barnes se reunió dos veces con Malcolm X para hacer una entrevista que se publicó en la revista *Young Socialist*.

Desde mediados de los años 70, Barnes ha dirigido el trabajo del Partido Socialista de los Trabajadores y de sus partidos hermanos a nivel mundial para forjar partidos comunistas cuyos miembros y dirigentes en su gran mayoría son trabajadores y sindicalistas que organizan a otros trabajadores para forjar y fortalecer sindicatos y dirigir a la clase trabajadora y sus aliados hacia una exitosa revolución socialista.

Barnes es un editor contribuyente de la revista *Nueva Internacional* y autor de numerosos libros y artículos sobre la política obrera revolucionaria y el movimiento comunista. Estas obras incluyen: *¿Son ricos porque son inteligentes? Clase, privilegio y aprendizaje en el capitalismo*; *El historial antiobrero de los Clinton: Por qué Washington le teme al pueblo trabajador*; *Malcolm X, la liberación de los negros y el camino al poder obrero*; *Cuba y la revolución norteamericana que viene*; *Su Trotsky y el nuestro*; "El imperialismo norteamericano ha perdido la Guerra Fría"; y "La custodia de la naturaleza también recae en la clase trabajadora: En defensa de la tierra y el trabajo".

INTRODUCCIÓN

Jack Barnes

El viraje a la industria: Forjando un partido proletario trata sobre el programa obrero y la composición y línea de conducta proletaria del único tipo de partido digno de llamarse revolucionario en la época imperialista. El único tipo de partido que puede reconocer el hecho más revolucionario de esta época: el valor del pueblo trabajador, y nuestra capacidad de cambiar la sociedad cuando nos organizamos y actuamos en contra de los capitalistas y todas las formas económicas, sociales y políticas de su dominio de clase.

Este libro trata sobre la construcción de dicho partido en Estados Unidos y en otros países capitalistas. Trata sobre la trayectoria que el Partido Socialista de los Trabajadores (Socialist Workers Party) y sus antecesores han seguido durante 100 años y contando.

"No lograremos arraigar al partido en la clase trabajadora, ni mucho menos impedir que los principios proletarios revolucionarios del partido sean socavados, a menos que el partido sea abrumadoramente proletario, compuesto en su decisiva mayoría de obreros en las fábricas, minas y plantas", subrayaron las resoluciones adoptadas por el congreso del PST en 1938. El partido debe convertirse en "una parte inseparable de los sindicatos y sus luchas". Debe ser parte inseparable de las batallas cotidianas que libran la clase trabajadora y otros productores explotados para defendernos y defender a nuestras familias contra las brutales consecuencias de la opresión capitalista.

Esa orientación —la que siguieron los bolcheviques bajo V.I. Lenin al dirigir a los trabajadores y campesinos al poder en octubre de 1917— ha sido nuestra trayectoria estratégica desde que se fundó un partido comunista en Estados Unidos dos años más tarde, junto con otros partidos que se afiliaron a la nueva Internacional Comunista. El nuevo partido tenía un solo objetivo: emular el ejemplo de los bolcheviques. El PST es el descendiente directo de ese partido.

Con el ascenso del capitalismo industrial hace unos 250 años, los conflictos entre trabajadores y patrones asumieron cada vez más "el carácter de colisiones entre dos clases", explicaron Carlos Marx y Federico Engels en el Manifiesto Comunista, programa de fundación del movimiento obrero revolucionario. Frente al despiadado afán de lucro de los capitalistas, los trabajadores no tienen más remedio que "actuar en común para la defensa de sus salarios" y resistir la ofensiva patronal para prolongar la jornada laboral y acelerar la producción, con fría indiferencia hacia nuestra salud y seguridad. Inevitablemente, los trabajadores "comienzan a formar combinaciones (sindicatos)" contra la clase patronal.

Casi dos siglos de experiencia en la lucha de clases han confirmado que dichas "combinaciones" asumen muchas formas iniciales: desde actos de resistencia en el centro de trabajo hasta batallas contra cierres patronales, huelgas, campañas de sindicalización y luchas para ampliar el poder sindical.

El viraje a la industria: Forjando un partido proletario es una nueva edición del libro publicado inicialmente en 1981 bajo el título *El rostro cambiante de la política en Estados Unidos: La política obrera y los sindicatos*. Debe ser leído —y sobre todo utilizado— como guía para forjar un partido obrero revolucionario. Junto con documentos tomados de ediciones anteriores —que fueron seleccionados para enfocarse en cuestiones fundamentales que van al meollo del viraje del Partido Socialista de los Trabajadores a la industria desde los años 70— incluye además tres nuevos artículos que hacen más concretos estos informes.

"No lograremos impedir que los principios proletarios revolucionarios del partido sean socavados a menos que el partido sea abrumadoramente proletario en su composición".

Dos de estos provienen de las páginas del semanario *El Militante*: uno sobre la campaña de Obreros del Acero Resisten (Steelworkers Fight Back) a mediados de los 70, y el otro, una columna de Marvel Scholl, veterana del partido, titulada "La formación de un burócrata sindical". El tercero es de un informe presentado en febrero de 1980 por Ken Shilman, quien en ese entonces organizaba el trabajo de los miembros del partido en el Sindicato Unido de Mineros (UMWA), con un balance de los primeros dos años de trabajo partidista y actividad sindical en las regiones mineras de Virginia del Oeste, Pennsylvania y Alabama.

Durante los años 60, el PST y su organización juvenil afiliada, la Alianza de la Juventud Socialista, habían crecido rápidamente, reclutando a muchos nuevos miembros que se habían visto atraídos al movimiento obrero revolucionario, siendo estudiantes, mientras luchaban contra el sistema de segregación racial *Jim Crow* —en el Norte y el Sur— y organizaban actividades contra la guerra en

Vietnam y la opresión de la mujer. En febrero de 1978, el Comité Nacional del partido adoptó el primer informe de esta colección, "Conducir el partido a la industria", y comenzó un viraje histórico.

Los miembros del partido respondieron con entusiasmo y con atención disciplinada a cada detalle. Para mediados de los años 80, la gran mayoría de los miembros del partido estaban haciendo trabajo sindical y político junto con otros trabajadores, en plantas automotrices, fábricas de acero, depósitos ferroviarios, minas de carbón, refinerías de petróleo, fábricas de equipos eléctricos, talleres de costura, fábricas textiles, plantas empacadoras de carne, aeropuertos y otros centros de trabajo industriales. Los lectores descubrirán la amplitud de esta actividad en los informes y en la nueva y muy ampliada selección de fotos a través del libro.

En los años desde que el PST realizó lo que ha llegado a conocerse como el viraje a la industria, el orden imperialista se ha hundido en una crisis más y más profunda: decrecientes tasas de ganancia; una intensificada competencia capitalista global; el estancamiento de la inversión de capitales para expandir plantas, equipos y empleos industriales; crecientes tensiones hacia guerras de divisas; e interminables conflictos bélicos. Los trabajadores y nuestras familias enfrentamos ataques de la clase capitalista, su gobierno y sus partidos Demócrata y Republicano —con sus alas "socialistas"— contra nuestras condiciones de vida y trabajo, contra nuestra propia vida e integridad física.

Los golpes de la clase gobernante no caen de manera uniforme ni con la misma fuerza sobre todas las capas del pueblo trabajador. Las desigualdades están creciendo no solo entre las clases sociales sino en el seno de la misma clase trabajadora.

Ante estos incesantes ataques, la clase trabajadora y el movimiento obrero han estado en retirada desde los años 90; un síntoma de esto es la fuerte reducción en la sindicalización. La membresía sindical en centros laborales privados ha disminuido: de una cifra mayor del 20 por ciento, al momento de los informes contenidos en este libro, ha bajado al 6.5 por ciento actualmente. La caída ha sido muy pronunciada entre los obreros industriales: de un 87 por ciento de los mineros del carbón subterráneos en 1977, a un 20 por ciento en 2018; de más del 90 por ciento de los obreros automotrices a fines de los años 70 a un 50 por ciento hoy día; las tendencias son similares entre otros mineros y obreros de manufactura.

> "Los golpes de la clase gobernante no caen con la misma fuerza sobre todas las capas del pueblo trabajador. Las desigualdades están creciendo no solo entre las clases sociales sino dentro de la misma clase trabajadora".

Pero rara vez ha sido mayor la necesidad —y las oportunidades— para que los trabajadores, con o sin sindicato, seamos audaces, para que nos organicemos y movilicemos la solidaridad mutua. Y la necesidad nos va empujando en esa dirección. En muchos casos, la medida de nuestro éxito no será inicialmente la formación de sindicatos nuevos y poderosos que luchen por los intereses de nuestra clase.

Será la experiencia y la confianza que los trabajadores adquirimos al actuar juntos.

Será nuestro creciente conocimiento y conciencia política sobre los patrones y nosotros mismos.

Será nuestro sentido de orgullo y nuestra disposición

a levantarnos y tomar partida cuando actuamos juntos como parte de una misma clase.

Y será nuestra mayor comprensión, explicada por Engels ya en 1847: de que "el comunismo no es una doctrina sino un movimiento; no procede de principios sino de hechos". Es la línea de marcha de la clase trabajadora hacia el poder político.

Los miembros del Partido Socialista de los Trabajadores hoy día trabajan y luchan junto a obreros ferroviarios —desde conductores de trenes de carga hasta trabajadores de depósitos— que enfrentan convenios con concesiones a los patrones, recortes en las tripulaciones y condiciones de trabajo cada vez más peligrosas, a consecuencia del afán de lucro de las empresas ferroviarias. Trabajamos y luchamos junto a trabajadores en grandes tiendas de Walmart, el mayor empleador privado en Estados Unidos, con una fuerza laboral no sindicalizada de aproximadamente 1 millón y medio de empleados. Realizamos actividades políticas junto con choferes de taxi —oriundos de África, Asia, Norteamérica y otras regiones— quienes trabajan más y más horas, con salarios netos en picada, deudas insostenibles y una creciente tasa de suicidio ante la feroz competencia fomentada por los dueños de las empresas de flotas de taxis y la economía "*gig*", capitalistas "*woke*".

Los trabajadores que hoy están más receptivos a tomar acción contra los patrones y a considerar alternativas políticas obreras son aquellos que las familias capitalistas y las clases medias altas y profesionales deprecian como "deplorables" o difaman como "delincuentes" o simplemente "basura". Estas desdeñosas calumnias son lo opuesto de lo que el Partido Socialista de los Trabajadores conoce acerca de la gran mayoría de nuestra clase. Los consideramos una mejor clase de personas. Provenimos de ellos. Somos parte de ellos.

Estos son hombres y mujeres de todos los colores de piel y de todas las edades. Ellos y sus familias provienen de zonas urbanas y rurales, de todos los continentes y orígenes nacionales. Entre estos "deplorables" se forjará y se templará —con el tiempo, en luchas contra la clase patronal— una vanguardia sindical combativa y disciplinada de la clase trabajadora, y ante todo una vanguardia política con conciencia de clase, probada e independiente de los partidos Demócrata y Republicano.

∾

El viraje a la industria: Forjando un partido proletario se basa en la continuidad revolucionaria del Partido Socialista de los Trabajadores, explicada y defendida hace ocho décadas por León Trotsky en el libro *En defensa del marxismo* y por James P. Cannon en *La lucha por un partido proletario*. Los artículos y la correspondencia en esos dos libros documentan el exitoso esfuerzo para mantener una trayectoria comunista frente a una oposición dentro del partido y su organización juvenil que empezó a claudicar a la presión imperialista y a la opinión pública durante los preparativos de Washington para entrar a la Segunda Guerra Mundial.

"La oposición está bajo la influencia de las tendencias y los estados de ánimo de la pequeña burguesía. Esa es la esencia de todo el problema", escribió Trotsky en diciembre de 1939 en uno de sus artículos recopilados en su obra *En defensa del marxismo*. "Toda lucha faccional seria en un partido refleja siempre, en último análisis, la lucha de clases". Por eso, como Trotsky explicó en una carta unas semanas después, "La composición de clase del partido debe corresponder a su programa de clase".

Ya para mediados de 1917 Trotsky había llegado a formar parte central de la dirección bolchevique, forjada por Lenin, que dirigió a los trabajadores y campesinos de Rusia a hacer la revolución de octubre de 1917 y, dos años más tarde, a fundar la Internacional Comunista. En 1929, un quinquenio después de la muerte de Lenin, José Stalin desterró a Trotsky de la Unión Soviética por el hecho de que él dirigía la lucha para continuar la política proletaria internacionalista de Lenin. Trotsky lo hizo en directa oposición política a las capas pequeñoburguesas en ascenso en la URSS, cuyos privilegios e intereses eran defendidos cada vez más por Stalin. Revolucionarios proletarios en todo el mundo, incluidos Cannon y otros dirigentes de lo que llegó a ser el Partido Socialista de los Trabajadores, se sumaron a Trotsky para fundar un nuevo movimiento comunista mundial fiel al curso de Lenin.

El viraje a la industria: Forjando un partido proletario también se basa en el relato de primera mano de Farrell Dobbs sobre el liderazgo con perspectiva de lucha de clases que organizó y dirigió a los trabajadores en las huelgas y campañas de sindicalización en los años 30 en el Medio Oeste que transformaron el sindicato de camioneros Teamsters en un combativo movimiento sindical industrial. Los cuatro libros de Dobbs —*Rebelión Teamster*, *Poder Teamster*, *Política Teamster* y *Burocracia Teamster*— "valen la pena leerlos, releerlos y repasarlos todos los años", según explico en uno de los informes publicados aquí. "Entre más compañeros trabajen en industrias, lleguen a conocer los sindicatos y empiecen a trabajar como parte de fracciones industriales del partido, más podremos aprender de esos libros cada vez que volvamos a leerlos".

También es importante ver *El viraje a la industria: Forjando un partido proletario* como complemento de otros tres libros más recientes, que desarrollan cuestiones sociales y de clase que son parte esencial del camino al socialismo en Estados Unidos:

- *Malcolm X, la liberación de los negros y el camino al poder obrero* de Jack Barnes (2009);
- *¿Son ricos porque son inteligentes? Clase, privilegio y aprendizaje bajo el capitalismo* de Jack Barnes (2016);
- *Los tribunos del pueblo y los sindicatos* de Carlos Marx, V.I. Lenin, León Trotsky, Farrell Dobbs y Jack Barnes (2019).

> "Los trabajadores más receptivos hoy a tomar acción contra los patrones son los que los capitalistas y las clases medias profesionales descartan como 'deplorables' o 'basura'. Nosotros los consideramos una mejor clase de personas. Surgimos de ellos. Somos parte de ellos".

Los tribunos del pueblo y los sindicatos se enfoca en la amplia y sistemática actividad de propaganda del partido en el seno de la clase trabajadora. Los miembros del PST, partidarios y jóvenes socialistas apoyan líneas de piquetes y tocan puertas para conversar con trabajadores en los portales de sus casas en ciudades, pueblos y zonas agrícolas, a la vez que realizamos estas actividades en el trabajo y en los sindicatos. Usamos el *Militante*, libros sobre la política obrera y nuestras campañas electorales del PST para explicar la verdad sobre los partidos capitalistas y la explotación, la opresión y las guerras que ellos defienden. *Ante todo, divulgamos —dentro y fuera del trabajo— cómo el pueblo trabajador se está organizando para resistir* los ataques a nuestros derechos y condiciones de vida y de trabajo.

El *Militante* tiene una tremenda capacidad para promover la organización y educación de trabajadores y sindicalistas con disposición de lucha de clases. Como "semanario socialista publicado en defensa de los intereses del pueblo trabajador", tal como lo proclama con orgullo la cabecera del *Militante*, cada número trae informes directos de trabajadores —escritos en nuestras propias voces y nuestros propios nombres— sobre la resistencia a la clase gobernante capitalista en las fábricas, minas y otros centros laborales y comunidades obreras. Lo hacemos de manera abierta y audaz, presentando quiénes somos y qué defendemos, sin pretender ser otra cosa. Y respaldamos a nuestros compañeros de trabajo cuando actúan de igual manera.

Los tribunos del pueblo y los sindicatos también contiene el artículo de Trotsky de 1940, "Los sindicatos en la época de la decadencia imperialista", que, como escribió Farrell Dobbs en un prefacio de libro en 1969, contiene "más material en que pensar (y actuar)… que lo que se hallará en cualquier otro libro de cualquier otro autor sobre la cuestión sindical".

Malcolm X, la liberación de los negros y el camino al poder obrero, según enfatizan los primeros párrafos, explica el vínculo inquebrantable entre la lucha por la libertad de los negros y el camino hacia la "conquista revolucionaria del poder estatal por una vanguardia de la clase trabajadora dotada de conciencia de clase y organización política, una fuerza de millones de personas". Un gobierno de trabajadores y agricultores, dice, es "el arma más poderosa posible" para librar la batalla por acabar no solo con el racismo y la opresión de los negros, sino la subyugación de la mujer "y todas las formas de explotación y degradación humana heredadas a través de milenios de una sociedad dividida en clases". La introducción a ese libro explica por qué está dedicado a los cuadros del PST que son africano-americanos, "que nunca se han cansado de meterse en la cara de los *race-baiters*, los *red-baiters*,* los elementos abiertamente intolerantes y demagogos de toda calaña que han pretendido negar que los trabajadores, agricultores y jóvenes que son negros —y son *orgullosos* de ser negros— pueden ser y serán comunistas siguiendo el mismo camino y sobre la misma base política que cualquiera".

Hoy día se está librando una ofensiva sistemática contra el reconocimiento de que las divisiones de clase subyacen *todas* las formas de explotación y opresión, de que la lucha de clases y la conciencia de clase —*la conciencia de clase obrera*— son esenciales para una lucha eficaz por la liberación. Este ataque no proviene directamente de las familias capitalistas gobernantes, que siempre han tratado de ocultar esa peligrosa verdad: peligrosa *para ellos*.

Más bien, la ofensiva proviene de lo que muchos llaman "la izquierda", liberales y radicales entre la clase media y los profesionales: sean universidades privilegiadas como Harvard y Oberlin, sean prominentes periódicos, revistas y cadenas de televisión desde el *New York Times* y el *Atlantic Monthly* hasta CNN, BBC y el *New Yorker*. Se promueve en sitios web y "redes sociales" que proliferan demasiado rápido para mantenerse al tanto de ellos. Es-

---

* El término en inglés *race-baiting* se refiere a la práctica demagógica de alegar o insinuar que, por el solo hecho de que un individuo "no es negro", no se debe juzgar objetivamente sus criterios. *Red-baiting* es la práctica de afirmar o insinuar que, porque una persona sea comunista, o se le tache de ser comunista, no es fiable políticamente y no se debe tomar en cuenta sus criterios políticos. —NOTA DEL TRADUCTOR

tas voces —que incluyen individuos y grupos políticos que dicen hablar en nombre del pueblo trabajador y los oprimidos— insisten que los conflictos basados en la raza, el color de la piel o lo que llaman "género" son la fuerza motriz de la historia.

> "Hoy se libra una ofensiva contra el reconocimiento de que las divisiones de clase subyacen toda forma de opresión, de que la lucha de clases y la conciencia de clase obrera son vitales para las luchas de liberación".

Pero la observación de que la historia "de todas las sociedades existentes hasta nuestros días es la historia de las luchas de clases" sigue siendo tan cierta hoy como lo fue hace casi 175 años cuando Carlos Marx y Federico Engels la señalaron al inicio del Manifiesto Comunista, programa de fundación del movimiento obrero revolucionario moderno.

La negación de la lucha de clases no es nada nuevo. Sobran los padres y abuelos de las actuales "teorías" sobre "política de identidad", "interseccionalidad", etcétera, que hoy ruidosamente propagan jóvenes profesionales y otras capas de la clase media alta. En 1940, James P. Cannon polemizó contra las corrientes pequeñoburguesas que, en vísperas de la Segunda Guerra Mundial, "critican nuestra actitud 'chapada a la antigua' hacia los conceptos fundamentales del marxismo: la teoría de clase del estado, el criterio de clase en la evaluación de todas las cuestiones políticas, la concepción de la política

—incluyendo la guerra— como expresión de intereses de clase, y así sucesivamente.

"De todo esto", dijo Cannon, "sacan la conclusión de que somos 'conservadores' por naturaleza, y extienden ese epíteto a todo lo que hemos hecho en el pasado". Hoy día el epíteto peyorativo no es simplemente "conservador", sino una variante de "homofóbico" o "racista", dirigida contra la clase trabajadora por autoproclamados "guerreros de justicia social". Muchos de estos recurren a calumnias y al matonismo para intimidar a personas con las que entran en conflicto, ya sea por diferencias políticas o relaciones entre los sexos, o contra dueños de pequeñas tiendas que simplemente se protegen del robo o de otras depredaciones. Mostrando su desdén hacia el debido proceso legal y las protecciones constitucionales conquistadas en luchas de clases por los trabajadores, los africano-americanos, las mujeres y otros, estos inquisidores santurrones se dedican a difamar, acallar a gritos y silenciar a sus adversarios.

En realidad, su verdadero blanco de ataque son las decenas de millones de trabajadores en todo Estados Unidos a quienes estos desdeñosos (y a veces recién coronados) titulares de privilegios de clase quieren proscribir del género humano tachándolos de ignorantes, retrógradas, racistas y reaccionarios. Pero estos "deplorables" son simplemente las actuales generaciones de trabajadores a quienes los patrones —así como muchos funcionarios sindicales— habían descartado como "basura" durante las grandes batallas que, para su gran sorpresa, estallaron a finales de los años 30.

Lo que escribí en *¿Son ricos porque son inteligentes?* sobre la actual autonombrada "meritocracia iluminada" se ha confirmado reiteradamente. Esta capa "generosamente remunerada" —rectores, decanos y profesores universitarios; petulantes funcionarios de organizaciones "sin fines de lucro" y ONGs; profesionales mediáticos y de la alta tecnología; personalidades del espectáculo y del deporte, y muchos más— "está empeñada en embaucar al mundo con el mito de que el progreso económico y social de sus miembros es la recompensa justa por su inteligencia, educación y 'servicio' individual". Realmente creen que tienen "el derecho de tomar decisiones, de administrar y 'regular' la sociedad para la burguesía, en nombre de lo que según ellos son los intereses del 'pueblo'.

Pero ante todo "les mortifica ser identificados con los trabajadores en Estados Unidos, sean caucásicos, negros o latinos; sean nacidos aquí o en el extranjero. Sus actitudes hacia los que producen la riqueza de la sociedad —la base de toda la cultura— varían desde una condescendencia empalagosa hasta expresiones de abierto desprecio cuando a veces se salen del guión, en tanto nos regañan por nuestros modales y nuestras costumbres sociales".

Unos años más tarde, lo único que hace falta actualizar es la alusión a su abierto desdén como "ocasional" y "salido del guión". Hoy su menosprecio ya es frecuente e intencional.

~

El pueblo trabajador no tiene nada que ganar y todo que perder si depende de las grandes familias propietarias, su sistema bipartidista capitalista, sus aguadores "socialistas" entre los profesionales y la clase media alta, y su gobierno y estado. Necesitamos organizarnos independientemente, en términos tanto políticos como organizativos, de las clases propietarias que derivan su enorme riqueza y su poder de la explotación del trabajo social de los trabajadores, agricultores y otros productores explotados, y que, sobre todo se empeñan en ocultarnos esa realidad y así retrasar el desarrollo de una *conciencia de clase*.

"Una revolución socialista es inconcebible sin organizar a nuestra clase para forjar sindicatos y usar el poder sindical. Y es imposible desarrollar un partido proletario, enfocado en cambiar la clase en el poder, sin participar en esa lucha".

Hoy, el pueblo trabajador necesita el programa y la línea de acción que se presentan en *El viraje a la industria: Forjando un partido proletario*, ya sean trabajadores que luchan por el pago de salarios adeudados en una mina en Kentucky, que resisten condiciones peligrosas de trabajo en un gran conglomerado de tiendas o en un tren de carga de 200 vagones; o que defienden el derecho de la mujer al aborto, reclaman amnistía para inmigrantes indocumentados, se movilizan contra la brutalidad policial o se solidarizan con las luchas de trabajadores en cualquier parte del mundo.

Los trabajadores con conciencia de clase nos sumamos de manera abierta y audaz a cada lucha, a cada "combinación" posible para resistir los ataques de los patrones, hayamos o no organizado un sindicato en nuestro centro de trabajo.

Nos sumamos a la apremiante tarea de reconstruir y fortalecer el movimiento sindical, apoyando y participando en los esfuerzos para organizar a los no sindicalizados donde quiera que haya trabajadores en pie de lucha, sin importar el estatus oficial de sus "papeles".

Y ayudamos a fomentar y explicamos la necesidad de la conciencia de *clase* —la cual nos *une*, no nos divide— a medida que empezamos a transformarnos y a transformar los sindicatos en instrumentos de lucha contra el dominio capitalista y la explotación.

No hay garantías de qué porcentaje de nuestra clase se va a sindicalizar, o de cuántos sindicatos se van a transformar. "No somos profetas sino revolucionarios que nos esforzamos por guiar los procesos en una dirección que fortalezca la unidad de la clase trabajadora en la lucha", señala el informe en estas páginas que extrae lecciones que el PST aprendió en nuestro primer año del viraje a la industria.

En las dos grandes revoluciones socialistas del siglo XX —en Rusia en 1917 y en Cuba cuatro décadas después— la importancia vital de los sindicatos y de la lucha por transformarlos surgió en gran parte después, y no antes, de la lucha por el poder obrero. Pero los trabajadores de mentalidad revolucionaria no pueden contar con que se repita ese modelo en el mundo actual, donde el nivel de industrialización así como el tamaño y peso de la clase trabajadora son mucho mayores, no solo en los países imperialistas sino en muchos otros.

Pero lo que sí sabemos con certeza es que una revolución socialista en Estados Unidos es inconcebible *sin organizar a nuestra clase para que luche por forjar sindicatos y utilice el poder sindical* para impulsar los intereses del pueblo trabajador, tanto aquí como en el resto del mundo. Y el desarrollo de un partido proletario —un instrumento revolucionario *político* de la clase trabajadora, dirigido ante todo a cambiar la clase que ejerce el poder estatal— es imposible sin participar en esa lucha.

El principal obstáculo a la conciencia de clase es lo que todas las instituciones de la sociedad capitalista les enseñan a los trabajadores a pensar de sí mismos. Lo que nos enseñan sobre nuestro valor como seres humanos. Lo que nos dicen que *no* somos y que nunca seremos capaces de hacer. Los sermones que diariamente nos imponen los patrones y sus "expertos" y "administradores" de clase media, de los cuales se hacen eco en gran parte los burócratas sindicales.

"Malcolm X, Che Guevara y Fidel Castro, Maurice Bishop, Thomas Sankara. Siempre nos recordaban que descubrir nuestro propio valor es más importante que recalcar nuestra opresión. Que podemos transformarnos a la vez que transformamos las bases de la sociedad".

Pero la lucha de clases tiene una historia diferente que contar. Malcolm X, Ernesto Che Guevara y Fidel Castro, Maurice Bishop, Thomas Sankara y otros destacados dirigentes revolucionarios nunca se cansaron de recordarle al pueblo trabajador que descubrir *nuestro propio valor* es más importante que estar recalcando nuestra opresión y nuestra explotación. Nunca se cansaron de explicar lo que *somos capaces* de ser. Y de mostrarnos en acción que sí somos capaces de transformarnos —y de transformar las bases de la sociedad misma— *a la vez que nos organi-*

zamos juntos y luchamos.

Es través de estas batallas de clase —que abarcan todas las luchas sociales y políticas a favor de los intereses del pueblo trabajador— que adquirimos experiencia y confianza propia y mutua. Es así que se forjan lazos de solidaridad y lealtad de clase. El programa del PST adoptado en 1938, y que aún guía nuestro curso, dice la verdad de la mejor manera posible:

"Buenos son los métodos que elevan la conciencia de clase de los trabajadores, su confianza en sus propias fuerzas, su disposición a la abnegación en la lucha. Los métodos inadmisibles son los que infunden temor y sumisión entre los oprimidos frente a sus opresores, los que aplastan el espíritu de protesta e indignación o que sustituyen la voluntad de las masas con la voluntad de los jefes; el convencimiento con la coacción; un análisis de la realidad con la demagogia y la falsificación".

Hoy no hay nada que añadir a las oraciones con las que concluye ese programa. El Partido Socialista de los Trabajadores "combate intransigentemente a todas las agrupaciones políticas que están atadas a las faldas de la burguesía. Su tarea: la abolición del dominio capitalista. Su objetivo: el socialismo. Su método: la revolución proletaria".

27 de septiembre de 2019

"**Cuando los trabajadores empezamos a organizarnos juntos,** la medida de nuestro éxito a menudo no será la formación de sindicatos nuevos y poderosos. Será la experiencia y confianza que adquirimos. Será nuestra conciencia y disposición a levantarnos como parte de una misma clase".

"Rara vez ha sido mayor la necesidad —y las oportunidades— para que los trabajadores, con o sin sindicato,

Arriba: Condado de Harlan, Kentucky, julio 2019. Mineros bloquean vías de tren para impedir que la empresa Blackjewel Coal transporte carbón hasta que pague los salarios que les deben. Tras declararse en bancarrota, la empresa retiró los últimos pagos de sueldo de las cuentas bancarias de los mineros. Los mineros, que no tienen sindicato, ganaron mucho apoyo a su decidida lucha.

Abajo: Detroit, septiembre 2019. Piquetes en fábrica de General Motors. Casi 49 mil miembros del sindicato automotriz UAW salieron en huelga en 55 fábricas y almacenes por todo el país reclamando estatus permanente para obreros temporales y el fin de la tan divisiva escala salarial de doble nivel.

seamos audaces, nos organicemos y movilicemos la solidaridad mutua. Y la necesidad nos empuja en esa dirección".

Arriba: Columbia Británica, Canadá, noviembre 2019. Huelguistas y familiares forman piquetes contra el ferrocarril Canadian National. Exigían reducción de horas y condiciones más seguras. El cartel dice, "Seguridad ferroviaria es seguridad pública".

Abajo: Lac-Mégantic, Quebec, octubre 2015. Obreros ferroviarios y pobladores marchan para exigir medidas de seguridad en los trenes, dos años después del descarrilamiento de un tren petrolero, con "tripulación" de una sola persona, que mató a 47 personas e incineró el centro del pueblo. El letrero dice, "¡Nunca jamás!" Los manifestantes culparon a los patrones ferroviarios y al gobierno, no al maquinista, por el desastre.

"En las batallas contra la opresión de los negros, la subyugación de la mujer y toda forma de explotación y

Arriba: Pittsburgh, marzo 2019. Jóvenes de secundaria y universitarios salen de escuelas para denunciar exoneración del policía que mató al adolescente negro Antwon Rose. Al participar en estas protestas, los trabajadores socialistas explican que los problemas que enfrentan los oprimidos y explotados son producto del sistema capitalista.

Abajo: Bridgeton, Nueva Jersey, marzo 2019. Trabajadores exigen licencias de manejo para inmigrantes indocumentados. Lea Sherman, candidata del Partido Socialista de los Trabajadores para Asamblea Estatal de Nueva Jersey, habló a los manifestantes y llamó al movimiento sindical a luchar por la amnistía para todos los inmigrantes.

degradación humana, el arma más poderosa posible es un gobierno de trabajadores y agricultores".

Arriba: St. Paul, Minnesota, mayo 2019. Protesta en defensa del derecho de la mujer a optar por el aborto, una de centenares de acciones que condenaron las severas restricciones al acceso al aborto decretadas por varias legislaturas estatales, incluida una ley en Alabama que criminaliza casi todos los abortos.

Abajo: Jacksonville, Florida, octubre 2018. Manifestantes exigen derecho a votar para ex presos. Unas semanas más tarde, una gran mayoría en Florida votó a favor de restituir ese derecho a más de un millón de trabajadores que habían sido privados de este.

"El pueblo trabajador debe organizarse independientemente de la clase capitalista, su sistema bipartidista y su gobierno. Debemos romper políticamente con la clase que deriva su riqueza y poder de la explotación de nuestro trabajo, y que se empeña en ocultar esa realidad para retrasar el desarrollo de la conciencia de clase".

Conducir el partido a la industria

En 1978 el Comité Nacional del Partido Socialista de los Trabajadores votó a favor de dirigir el partido a llevar a cabo lo que llegó a conocerse como "el viraje a la industria". El siguiente informe, que inició ese viraje, fue aprobado por el Comité Nacional del PST el 24 de febrero de 1978. Fue publicado para todos los miembros en el *Boletín de discusión* interno del partido y se debatió y se sometió a voto en todas las ramas del partido. El informe fue adoptado por los delegados al congreso nacional del PST de agosto de 1979.

Esta reunión del Comité Nacional tiene un objetivo primordial. El Partido Socialista de los Trabajadores debe subordinar todo a la tarea de organizarse inmediatamente para que la gran mayoría de nuestros miembros entren a la industria y a los sindicatos industriales. Debemos hacerlo de manera que la mayoría de los miembros de los comités ejecutivos de las ramas, de los comités ejecutivos locales y del Comité Nacional —el máximo órgano directivo del partido entre congresos— pronto estén compuestos de compañeros que son miembros activos de los sindicatos industriales. Este esfuerzo del partido debe ser universal. Lo llevará a cabo *cada* rama y local.[1] No existen ciudades excepcionales en este país donde tengamos ramas pero no haya obreros industriales que producen plusvalía.

El viraje es también universal en el sentido de que tiene que ver con *cada* miembro del partido, tanto empleado como desempleado, tanto nuevo como veterano. Cada compañero sin excepción debe sentarse ahora con la dirección de la rama y revisar colectivamente su situación de trabajo, sus responsabilidades, la ciudad donde vive, sus diversos aportes, y decidir cómo va a participar en la implementación del viraje.

No se trata de otra "esfera de trabajo". No es una "campaña" del partido. No es "una de las tareas importantes" del partido o "uno de nuestros principales ejes de trabajo". No es algo contrapuesto a otras cosas que estamos haciendo. Es la base de la actividad política del partido en el futuro inmediato, sin reservas y a partir de *ahora*.

Es junto a los *obreros en la industria* que queremos realizar todas las campañas. Es ahí donde queremos llevar el *Militante* y las campañas electorales del Partido Socialista de los Trabajadores y presentar todas nuestras actividades. Son ellos a quienes queremos influir y reclutar al partido. *Esta es la fuerza que luchamos por movilizar en nombre de la resistencia de los explotados y oprimidos de todo el mundo.*

De aquí surgirán la mayoría de los futuros dirigentes de batallas exitosas por la liberación de la mujer y de las lu-

---

1. Ver el glosario: Partido Socialista de los Trabajadores: ramas, locales, distritos.

chas de la población africano-americana y de otras nacionalidades oprimidas. Y este será el principal campo para desarrollar, entrenar y poner a prueba a nuestros cuadros. Los obreros industriales son nuestro entorno y nuestro público principal. Sus sindicatos, potencialmente poderosos, son nuestra base.

Lo que proponemos es una medida *política* para el partido. No una medida higiénica o terapéutica. No lo estamos haciendo para depurar el partido de elementos pequeñoburgueses. Pero esta afirmación tampoco agota el asunto. Porque la composición de clase del partido sí plantea un desafío. No vamos a convertirnos automáticamente en un partido cuya gran mayoría está compuesta de obreros industriales. Se tiene que organizar. Se tiene que *dirigir* conscientemente.

Los grandes cambios que enfrenta la clase capitalista a escala mundial hacen que esta medida política sea no solo necesaria sino oportuna. Surge de la necesidad de la clase gobernante norteamericana de impulsar su ofensiva, de convertir a los obreros industriales y sus sindicatos más y más en su blanco de ataque. Ante todo, nuestro criterio se basa en los cambios en las actitudes de la clase trabajadora *en respuesta* a esta ofensiva.

Estamos en un período preparatorio, no un período en que nosotros estemos dirigiendo acciones masivas de lucha de clases. No debemos equivocarnos en esto. Pero es un período preparatorio en el cual el *eje central de la política norteamericana se ha trasladado a la clase obrera industrial*. Ese es el criterio político fundamental que planteamos al Comité Nacional.

Si no efectuáramos un cambio significativo y rápido en la composición del partido, nos marginaríamos —*innecesariamente*— de la esfera donde están ocurriendo los cambios y acontecimientos decisivos en la lucha de clases.

No podríamos sentir el pulso de la clase trabajadora, el verdadero ritmo de su desarrollo y sus cambios. Nos separaríamos del corazón de la política norteamericana.

Al hacer este cambio rápidamente, nos libraremos de la desorientación en cuanto a prioridades y perspectivas que ocurre cuando el partido no está *viviendo* en el centro de los acontecimientos políticos más importantes. Cuando se integren nuevos compañeros al PST, o cuando miembros de la Alianza de la Juventud Socialista que son estudiantes universitarios pasen a ser miembros del partido, les resultará automático consultar a la dirección del partido para ayudar a decidir a qué ciudad deberían mudarse y en qué industria deberían trabajar.

La única forma de lograr este viraje es actuar conscientemente, y hacerlo *ya*. Guiar la implementación política de esta decisión es la tarea central de la dirección del partido a todos los niveles, desde el comité ejecutivo de la rama hasta el Comité Político.[2]

La decisión de acelerar la proletarización del partido cambiando los empleos de la mayoría de los miembros del Partido Socialista de los Trabajadores es, por supuesto, una cuestión *táctica*. No es lo mismo que la orientación proletaria histórica del Partido Socialista de los Trabajadores. Esta trayectoria nació en 1903 con el surgimiento de la corriente bolchevique organizada dentro del Partido Obrero Socialdemócrata Ruso bajo el liderazgo de Lenin. En Estados Unidos comenzó en 1919 con la fundación del Partido Comunista como sección de la Internacional Comunista que se acababa de formar. Hasta el día de hoy, esa ha sido la continuidad del Partido Socialista de los Trabajadores.

Sin embargo, esta táctica de que la mayoría de los compañeros entren a la industria, y hacerlo hoy, es una de-

---

2. Ver el glosario: Partido Socialista de los Trabajadores: Comité Nacional.

cisión histórica en muchos sentidos. Afecta todo lo que hacemos.

Si no lo hacemos, el partido sufrirá una regresión, comenzará a retroceder de sus logros y perderá oportunidades. Vamos a desorientarnos y a empezar a cometer errores políticos innecesariamente. Y significará también que faltaremos a nuestra responsabilidad de sentar un ejemplo para todo nuestro movimiento mundial.[3]

Para los trabajadores-bolcheviques, el trabajo sindical, entendido correctamente, significa encontrar formas de impulsar el desarrollo de una dirección de masas, una vanguardia obrera, que piense en términos sociales y actúe en términos políticos. Significa proporcionar un liderazgo con conciencia de clases para las luchas de los oprimidos. Significa forjar un ala izquierda con perspectiva de lucha de clases en el movimiento sindical e impulsar la lucha por la acción política obrera independiente: una clara ruptura de clase con los partidos Demócrata, Republicano y demás partidos burgueses o pequeñoburgueses. Implementado así, el trabajo sindical —es decir, la labor de organizar a trabajadores— se convierte ahora en la responsabilidad política central de todos y cada uno de los comités directivos.

Estamos en una nueva etapa de la historia del partido, una nueva etapa del desarrollo de su dirección. Es una prueba, pero ante todo es una oportunidad histórica. Los miembros del partido están esperando que la dirección dirija este viraje proletario, y tenemos todas las razones para creer que van a responder.

No estamos buscando logros coyunturales inmediatos. No lo estamos haciendo debido a la huelga de los mineros

---

3. "El viraje y el movimiento comunista mundial", un informe de Jack Barnes debatido y adoptado por el Congreso Mundial de la Cuarta Internacional en 1979, aparece más adelante en este libro.

del carbón que comenzó en diciembre y aún se mantiene fuerte,[4] ni tampoco porque estemos entusiasmados por algunos contactos que hayamos logrado en alguna parte. Lo estamos haciendo porque este viraje es la única forma concreta que existe ahora para implementar y llevar adelante la orientación proletaria fundamental que el partido ha mantenido desde su fundación en 1919. Es la única forma de profundizar el trabajo que iniciamos en 1975 cuando vislumbramos nuevas oportunidades políticas en la clase trabajadora y los sindicatos. Es la única táctica que hoy tenemos a nuestra disposición que impulse y no obstaculice nuestra estrategia comunista.

Seis preguntas básicas

El propósito de este informe es presentar la orientación básica que tenemos y las conclusiones de liderazgo que sacamos si aprobamos esta propuesta del Comité Político. La mejor manera de hacerlo es planteando una serie de preguntas básicas.

Primero: ¿Por qué ahora? Ya expliqué por qué aplazar este paso socavaría la orientación proletaria histórica del partido. Pero ¿por qué no tomamos esta decisión antes?

Segundo: ¿Por qué la industria, con énfasis especial en la industria básica? ¿Por qué concentrarse en los sindicatos industriales en vez de la Federación Americana de Empleados Estatales, de Condado y Municipales (AFSCME), el Sindicato Internacional de Empleados de Oficina y Profesionales (OPEIU), la Federación Americana de Maestros (AFT), la Asociación Nacional de Educación (NEA) u otros sindicatos?

Tercero: ¿Cuál es el carácter concreto de la ofensiva de la clase dominante contra los obreros industriales? ¿Cuál

---

4. Ver el glosario: Huelga del carbón (1977–78).

es la mejor línea política para contrarrestar esta ofensiva? Y ¿cómo afecta esto los movimientos y las necesidades de los aliados de los trabajadores?

Cuarto: ¿Qué es el trabajo sindical comunista en la industria? ¿Qué pierde el partido si la abrumadora mayoría de sus miembros no están en la industria?

Quinto: ¿Qué es un trabajador-bolchevique? ¿Cuáles son las implicaciones estructurales y organizativas al convertirse en un partido de trabajadores-bolcheviques?

Sexto: ¿Cuál debe ser el carácter de la dirección de este tipo de partido? ¿Qué nueva luz podemos arrojar sobre esto, dados los avances que hemos tenido en el último año respecto a lo que James P. Cannon llamó la cuestión suprema: el desarrollo consciente del liderazgo del partido revolucionario?

¿Por qué ahora?

¿Por qué ahora y no antes?

Un aspecto de esta pregunta es bastante fácil de contestar. No tomamos esta decisión antes de la recesión de 1974–75, que fue un hito para el capitalismo no solo en Estados Unidos sino en todo el mundo. Fue la primera caída económica desde el fin de la Segunda Guerra Mundial que sacudió los principales países capitalistas de forma simultánea.

Haber hecho lo que estamos decidiendo ahora, antes de estos cambios fundamentales en el mundo capitalista de la posguerra, habría sido una apuesta. Podría haberse convertido fácilmente en una maniobra artificial. Habría desorientado al partido. No habría estado ligado a sucesos reales en el capitalismo mundial y en la clase trabajadora y vida política de Estados Unidos.

Antes de 1974, una buena parte de las actividades políticas en este país habían ocurrido al margen —y no a través— de los sindicatos industriales o los obreros industriales. Pero después del congelamiento de salarios y precios decretado por Nixon en 1971, y a medida que nos acercamos al descenso mundial de 1974-75, el curso mantenido durante todo un período anterior empezó a cambiar.[5] No basamos la trayectoria del partido en pronósticos económicos coyunturales, y no predecimos un Armagedón. Pero sabemos que para mediados de los 70 habíamos entrado en una nueva época de crisis para el capitalismo mundial de la cual no saldremos sin gigantescas batallas por el poder. De esto estamos convencidos.

Es más, esta crisis económica y social imperialista se ha visto acompañada por importantes sucesos en la política mundial. En 1974 la caída de la desgastada dictadura fascista en Portugal desató grandes luchas de trabajadores y pequeños agricultores en ese país. Aceleró las luchas de liberación nacional en las colonias africanas portuguesas y llevó a la independencia de Mozambique, Cabo Verde, Guinea-Bissau y Angola. Ese mismo año, la monarquía en Etiopía fue derrocada, dando paso a profundas luchas por una reforma agraria y otras medidas antifeudales en ese extenso país de África oriental.

En 1975 los combatientes por la liberación de Vietnam entraron a Saigón, hoy Ciudad Ho Chi Minh, mientras las últimas fuerzas estadounidenses huían en un masivo puente aéreo de helicópteros. Esos acontecimientos fueron la culminación de varias décadas de una lucha por la libertad y reunificación nacional, primero contra el imperialismo francés y luego el estadounidense. "Vietnam: Victoria para todos los oprimidos" fue el titular esa semana de la portada del *Militante*.

---

5. Ver el glosario: Recesión (1974–75); y Congelamiento de salarios y precios (1971).

Unos meses más tarde, combatientes cubanos voluntarios, respondiendo a un llamado a la solidaridad internacional por el nuevo gobierno independiente en Angola, lanzaron una campaña militar para repeler a las tropas invasoras del régimen supremacista blanco de Sudáfrica. A principios de 1976, las últimas tropas sudafricanas habían sido expulsadas. Esa derrota para el régimen racista ayudó a inspirar un levantamiento de las masas de jóvenes y trabajadores en Soweto ese mismo año, así como el ascenso de una campaña mundial para derrocar el apartheid.

Esa es la primera parte de la respuesta a la pregunta de ¿por qué no hacerlo antes?

Pero hay otro aspecto también.

¿Por qué no en 1974–75 en vez de 1978?

Primero, tuvimos que asimilar el carácter no solo de la recesión mundial sino de la reactivación coyuntural que inevitablemente le siguió. En los primeros años del llamado repunte económico en Estados Unidos, se han visto más empleos pero también altos niveles de inflación y desempleo, así como una escalada de la ofensiva capitalista contra los trabajadores en todos los frentes. Hemos tenido que asimilar los efectos que esta ofensiva ha tenido entre la clase trabajadora y los sindicatos, y sus efectos concretos entre los sectores más oprimidos de la clase trabajadora: los africano-americanos, la juventud y la mujer.

Segundo, tuvimos que pasar por ciertas experiencias en el movimiento sindical norteamericano. Tuvimos que pasar por el ascenso del movimiento Obreros del Acero Resisten (Steelworkers Fight Back) y constatar las verdaderas posibilidades políticas y organizativas, así como los límites, de esta etapa de los cambios entre los obreros industriales.[6]

---

6. Ver el capítulo "Obreros del acero luchan por recuperar su sindicato" en este libro, así como el glosario: Obreros del Acero Resisten.

Respondimos con solidaridad activa a la huelga en las minas de la Cordillera de Hierro en Minnesota, donde pudimos verificar todas nuestras conclusiones sobre el significado de Obreros del Acero Resisten. Hemos participado en la resistencia de los obreros ferroviarios contra la ofensiva patronal, incluso las experiencias locales de los ferroviarios en Chicago, Filadelfia y otras ciudades. Hemos tenido diversas experiencias en el Área de la Bahía de San Francisco, Houston, Pittsburgh y otros lugares donde pudimos explorar, probar, sentir los cambios y las posibilidades.

Y ahora estamos hombro a hombro junto a los mineros en el actual enfrentamiento entre el Sindicato Unido de Mineros (UMWA) y los patrones del carbón y su gobierno.[7] Somos parte de la lucha que los mineros han librado desde fines de los años 60 que hizo retroceder el azote de la enfermedad del pulmón negro y logró la creación de clínicas comunitarias en pueblos mineros por toda la región de los Apalaches. Que ganó la formación de comités sindicales de seguridad con la facultad de detener la producción por cuestiones de salud y seguridad. Y que logró —a través del movimiento Mineros por la Democracia— que los miembros del sindicato UMWA pudieran votar sobre sus convenios y ejercer el poder sindical a fin de defender mejor a los miembros de filas.[8]

Todas estas experiencias fueron necesarias para saber concretamente lo que estaba cambiando y cuánto estaba cambiando.

---

7. Ver el glosario: Huelga de la Cordillera de Hierro (1977); Milwaukee, Ferrocarril de (Milwaukee Road), y ofensiva de empresas transportistas de carga; Comité Pro Derecho al Voto (UTU); Huelga del carbón (1977-78).

8. Ver el glosario: Mineros por la Democracia.

Tuvimos que pasar por la experiencia de constatar lo que significa que haya más negros, más chicanos, más puertorriqueños, más mujeres, más veteranos de Vietnam y más obreros jóvenes en las industrias y los sindicatos. Tuvimos que observar en la vida real cómo comenzaban a expresarse las actitudes y reacciones, la combatividad, de las que hablábamos y anticipábamos.

Pudimos ver la importancia de los cambios generacionales en la composición de la clase trabajadora, cuando literalmente cientos de miles de trabajadores jóvenes comenzaron a involucrarse en una u otra lucha. La mayoría eran trabajadores jóvenes, caucásicos y varones. Vimos que muchos de ellos se mostraban más abiertos, de una manera nueva, a lo que dicen los miembros del Partido Socialista de los Trabajadores sobre la crisis capitalista y sobre diferentes partes de nuestro programa proletario.

Los vimos comenzar a expresar los cambios de actitudes que sabíamos que iban a manifestarse, y así comprendimos mejor las diferencias en cómo la ofensiva capitalista impactaba de acuerdo a diferentes generaciones, nacionalidades, sexos y oficios. Pudimos confirmar que no vamos a ver el desarrollo de alguna clase de vanguardia que se caracterice por ser "no blanca" o "no masculina".

Empezamos a percibir la dinámica entre los problemas cotidianos básicos y los amplios problemas políticos y sociales que el movimiento sindical debe afrontar. Empezamos a ver una respuesta —no uniforme pero extensa— a cuestiones y campañas de carácter político y social que se planteaban en el movimiento sindical. Y vimos los vínculos entre esta nueva respuesta y el aumento de la combatividad de clase.

Así que estas son las primeras dos respuestas a la interrogante de "¿Por qué ahora?" Una es la realidad de la recesión mundial de 1974-75, la posterior recuperación y los acontecimientos en la política mundial. Y después, los cambios en la clase obrera industrial en Estados Unidos, incluyendo los cambios en actitudes y conciencia.

Pero tuvimos que pasar por algo más, antes de tomar la decisión que estamos tomando hoy. Y quizás ese tercer factor es el más importante. Antes de poder dar este paso, el partido tuvo que pasar por nuestras *propias* experiencias y nuestros propios logros en el movimiento obrero. Tuvimos que probar las aguas en la industria. Las ramas y los locales, las fracciones industriales, tuvieron que adquirir experiencia en la industria. Y eso es lo que hemos estado haciendo desde mediados de los 70.

Por primera vez en casi 30 años, hemos tenido fracciones industriales nacionales que funcionan y crecen. Hemos tenido que aprender a dirigir este trabajo a todos los niveles. Hemos tenido que aprender a evaluar las posibilidades así como las frustraciones y dificultades al participar en actividades tales como Obreros del Acero Resisten y el período posterior a ese movimiento. Hemos tenido que aprender a usar el *Militante,* nuestros libros, nuestras campañas políticas, nuestros foros semanales y otras instituciones del partido.

En otras palabras, hemos tenido que iniciar toda una nueva etapa de entendimiento, experiencias y amplitud política por parte de la dirección. Primero hemos tenido que lograr que dirigentes del partido a todos los niveles se incorporaran a la industria para dirigir este proceso. Hemos tenido que observar con nuestros propios ojos, en una rama tras otra, el impacto que este proceso estaba teniendo en los compañeros que tomaban la delantera al ingresar a la industria. Elevó sus ánimos y les dio una nueva visión política, un nuevo enfoque. Entonces sí estuvimos listos para generalizarlo de una manera responsable. Por eso lo hicimos ahora y no antes.

¿Por qué concentrarse en la industria?

¿Por qué concentrarse en la industria? Quizá sea embarazoso o innecesario que los marxistas planteen esta interrogante, ya que es la piedra angular del marxismo, del comunismo. Pero vale la pena examinar tanto lo económico como lo político.

Lo económico es sencillo. Las materias primas tales como el carbón, el hierro y el petróleo, y productos como las máquinas herramienta, el acero y los componentes electrónicos importantes, tienen un tremendo peso en la economía. Entran en el proceso de producción desde las primeras etapas para que pueda funcionar cada eslabón de la economía. Los obreros en las industrias productoras de materias primas y productos semiterminados, o que se dedican al transporte de carga, la construcción y la agricultura, tienen mucho peso porque sin ellos se paraliza la producción y comercio capitalista.

Los bienes capitales —equipos eléctricos, equipos automotrices, manufactura pesada de toda clase— son simplemente distintas etapas en la compra y el uso de la fuerza de trabajo por los empleadores para producir la gigantesca riqueza que crean los trabajadores estadounidenses. En cada etapa, al alejarse más del producto "final", se concentra más fuerza, más potencia, desde un punto de vista puramente económico.

Esto además tiene otro aspecto económico. El trabajo que los obreros realizan en estas industrias, su trabajo social —su trabajo productivo, según lo describió Marx— es la principal fuente de plusvalía. Es la fuente mayor de todos los ingresos que la clase gobernante utiliza no solo para mantener y expandir la producción capitalista, sino para sostener el gobierno, los servicios y los sectores "profesionales" de la economía. Al examinarlo así, comenzamos a ver algo que no suele comentarse mucho: el hecho de que la economía capitalista moderna es más y más vulnerable, no menos vulnerable.

Cuanto más complicada y organizada es la economía, más vulnerable se hace a los paros, a las perturbaciones de la industria básica. Esto se vería aún más claramente en la actual huelga minera si toda la industria del carbón estuviese organizada por el Sindicato Unido de Mineros, no solo la región fuertemente sindicalizada de los Apalaches —desde Pennsylvania y Virginia del Oeste hasta Alabama, Kentucky, Indiana e Illinois— sino también las zonas carboníferas del Oeste, que en su gran mayoría no están sindicalizadas.

El aspecto político es aún más importante. Desde el punto de vista de las propias familias capitalistas gobernantes, el enemigo de clase, no cuesta mucho entender políticamente que para ellos el carbón es más importante que los servicios de trabajadores sociales. Su sistema puede funcionar mucho más fácilmente y por más tiempo sin trabajadores sociales que sin carbón. Es más, los capitalistas, en lo personal, no necesitan a los trabajadores sociales porque reciben *sus* generosos cheques de asistencia social directamente del departamento de fideicomisos de los bancos.

Esto es aún más evidente si se ve desde la óptica de las necesidades competitivas del imperialismo estadounidense a escala mundial. Este trabajo social de los trabajadores en Estados Unidos es la fuente del poder internacional del capitalismo norteamericano, la fuente de su exportación de bienes y capitales.

Es por estas razones que los obreros industriales, que son una minoría de la clase trabajadora norteamericana, tienen tanta fuerza básica, tanto poder potencial. Esto también expone el fraude de las teorías académicas sobre la "nueva clase trabajadora" y la "sociedad post-industrial".

Pero también debemos examinar el aspecto político de esta cuestión desde el punto de vista de *nuestra* clase, la clase trabajadora.

Primero, una gran parte de la industria está sindicalizada. Esto suena obvio, pero solo ha sido así en las últimas décadas de la historia de Estados Unidos. Antes de mediados de los años 30 (y en muchos sentidos antes de la Segunda Guerra Mundial) no era así; la industria básica *no* estaba sindicalizada. Solo una aristocracia obrera relativamente escasa estaba sindicalizada, principalmente en los oficios especializados. Pero hoy día la gran masa de los obreros industriales está sindicalizada en un grado considerable.[9]

Segundo, debemos tomar en cuenta la naturaleza del centro de trabajo industrial, y cómo la fábrica afecta al obrero en lo social y lo psicológico. El carácter social del trabajo, la gran concentración de obreros, la división del

---

9. Cuatro décadas más tarde, en 2019, estos logros se han visto socavados por las consecuencias acumuladas de la línea de colaboración de clases de la cúpula sindical que se describe en estas páginas. En 1978, cuando se dio este informe, más del 20 por ciento de los trabajadores del sector privado eran miembros de sindicatos; hoy esa cifra ha caído al 6.5 por ciento, un nivel comparable al de principios de los años 30, antes de las campañas de sindicalización y del movimiento social obrero que forjaron los sindicatos industriales. Las caídas más abruptas se han dado en los sindicatos que representan a los obreros en industrias básicas como la minería de carbón (el 87 por ciento de los mineros subterráneos en 1977; un 20 por ciento en 2018) y el ensamblaje de autos (más del 90 por ciento a fines de los 70; un 50 por ciento hoy). Se han producido descensos comparables en la sindicalización en fábricas de acero, industrias organizadas por la Asociación Internacional de Mecanometalúrgicos (IAM), la industria textil y de confección, la construcción y otras industrias básicas.

trabajo sumamente alta: estos factores les dan a los trabajadores una conciencia de nuestra fuerza, y también de que esta fuerza solo se puede ser ejercer cuando se encausa y se dirige *colectivamente*.

El hecho de que la negociación colectiva —y no las relaciones individuales con los patrones— rige gran parte de lo que se hace, fomenta una mayor confianza entre los trabajadores. Fomenta una conciencia de que "sin contrato no trabajamos", aun durante épocas de ofensivas patronales. Un minero lo explicó así recientemente por la televisión: cuando eres bebé, antes de aprender a decir "mamá" o "papá", aprendes a decir "sin contrato no trabajamos".

Tercero, es importante recordar cómo ha ido cambiando la edad de la fuerza de trabajo industrial. Hay muchos más obreros jóvenes, la llamada generación post-Vietnam de la que se tanto quejan los patrones en relación a la huelga de los mineros. Y en los últimos años hemos detallado muchas veces la composición racial de determinadas industrias.

Cuarto, debemos señalar la tradición de radicalización entre la clase obrera industrial. No hay que exagerarla, pero es algo real. Los sindicatos industriales se forjaron en las luchas de masas del CIO (Congreso de Organizaciones Industriales). Fue al calor de sangrientas batallas que se forjó el Sindicato Unido de Obreros Automotrices (UAW), que se forjó el sindicato de camioneros Teamsters en grandes regiones del país, que se forjó el Sindicato Unido de Obreros del Acero (USWA), etcétera. Esa tradición, aun si se perdió una buena parte de su continuidad, sigue existiendo.

Lo quinto es hasta qué punto muchos de estos sindicatos industriales tienen un impacto que va mucho más allá de la industria, la fábrica y la misma fuerza laboral. Afectan grandes regiones del país. Tomemos nuevamente el

"Como lo explicó un minero del carbón por televisión, hasta los bebés, antes de aprender a decir 'mamá' o 'papá', aprenden a decir: 'Sin contrato no trabajamos'"

UMWA

NANCY COLE/MILITANTE

Arriba: Mineros en huelga contra Blue Diamond Coal exigen reconocimiento de su unión, Stearns, Kentucky, 1978.

Abajo: Washington, marzo 1978. Los mineros desafiaron a la administración Carter cuando intentó romper la huelga nacional del UMWA con un decreto para que regresaran a trabajar.

ejemplo de la huelga minera. Cuando hablamos de lo que está en juego en la huelga del UMWA, estamos hablando del bienestar y futuro de los Apalaches, de toda una región en este país.

Cuando hablamos del UAW, estamos hablando del futuro de ciudades enteras: Detroit, por ejemplo.

Por último, y el aspecto más importante, es que la clase trabajadora sindicalizada es donde más y más la clase gobernante está descargando lo más duro de su ofensiva. Ellos pueden golpear a miembros de la AFSCME en gobiernos locales y estatales de distintas ciudades. Pueden imponer recortes a los maestros. Pueden hacer muchas cosas por el estilo, pero es apenas el comienzo del proceso. Tienen que "domesticar" a la clase obrera industrial. Tienen que "domesticar" a los productores que ocupan la posición más estratégica. Ellos son el blanco de la ofensiva de la clase dominante. Por eso hacemos esta nuestra prioridad.

Debemos mantener nuestra prioridad central en la industria del acero, y agregar los ferrocarriles y la industria automotriz a nuestras prioridades *nacionales*. Además, tenemos que examinar las situaciones a nivel local. En ciertos lugares daremos prioridad al sindicato mecanometalúrgico IAM, que tiene organizados ciertos sectores industriales. O al sindicato de Obreros Petroleros, Químicos y Atómicos (OCAW). O a la industria eléctrica y sus sindicatos, o a los astilleros, la minería, el transporte: todo lo que cuadre con nuestras necesidades nacionales y tenga sentido en diferentes localidades.

Como dijo Jim Cannon hace 37 años, "Somos un partido pequeño y no podemos andar colonizando en todas partes. Debemos colonizar los lugares que nos ofrecen la mejor oportunidad en ese momento, y cuando esta oportunidad que habíamos aprovechado en un momento dado resulta después no ser tan fructífera, entonces debemos reubicar a nuestra gente".[10] Es mucho mejor tener un par de *fracciones* viables y funcionales en un local o una rama del partido que tener un montón de "fracciones" compuestas de uno o dos compañeros en cada una. Esa es una guía básica.

Tenemos que fijar estas prioridades ya y decir conscientemente que estamos reduciendo el elemento AFSCME en el partido. Lo hacemos no por restarle importancia a nuestro trabajo en sindicatos como AFSCME o al reclutamiento al partido de excelentes contactos que tengamos allí. Lo hacemos desde la óptica de dónde vamos a asignar a nuestra gente. No somos neutrales o indiferentes si un compañero se hace maestro, trabajador social, si ingresa al OPEIU, o si obtiene un trabajo industrial. Queremos ayudar a los compañeros a incorporarse a la industria y a los sindicatos industriales.

Esto no significa que no haremos trabajo o que no prestaremos atención a la AFSCME o a los sindicatos de maestros.[11] El viraje a la industria reforzará nuestro trabajo en los sindicatos y en el movimiento obrero en general. No les quita importancia a las luchas políticas entre los maestros, por ejemplo. De hecho, a medida que el partido y nuestras fracciones sindicales industriales crezcan, en un momento determinado decidiremos reclutar fracciones en los sindicatos de maestros, empleados públicos, etcétera.

Pero tenemos que decidir a cuáles sindicatos vamos a enviar a nuestros compañeros, incluso los militantes que

---

10. James P. Cannon, *The Socialist Workers Party in World War II* (El Partido Socialista de los Trabajadores en la Segunda Guerra Mundial; Pathfinder, 1975), discurso del 11 de octubre de 1941, p. 236 [impresión de 2019].

11. Ver el glosario: AFSCME; AFT; NEA; OPEIU.

hoy están en la AFSCME, la AFT, o la NEA. Debe ser una orientación consciente y explícita del partido, sin ambigüedades o excepciones.

La ofensiva contra los obreros industriales

La tercera pregunta es: ¿Cuál es el carácter de la actual ofensiva contra la clase obrera industrial? ¿Qué respuesta política se necesita?

No voy a repetir las cosas de las que ya hemos hablado: los ataques actuales contra los empleados públicos y de servicios sociales; el impacto diferencial de la ofensiva entre las nacionalidades oprimidas, la mujer, la juventud; la tendencia hacia la derecha de la política burguesa, que estimula a la derecha en medio de una creciente polarización de clases.

Aquí quiero enfocarme en el carácter específico de los ataques contra los obreros industriales, contra los sindicatos industriales.

Cuando hablamos de las responsabilidades sociales y políticas del movimiento obrero, explicamos la necesidad de combatir la política de la clase dominante de imponerle a *la familia individual* la responsabilidad *completa* por los servicios sociales que deberían ser asumidos por la sociedad: el cuidado de los niños, de los ancianos, de los enfermos, de los discapacitados.

Pero no es esta la única forma en que opera el capitalismo. Los patrones también intentan imponerle al *trabajador individual* responsabilidades que deberían ser asumidas por la sociedad. Y pretenden establecer cada vez más que estas responsabilidades serán cumplidas únicamente de acuerdo con la rentabilidad del patrón de cada trabajador. Dejaré de lado los ejemplos más grotescos, como el de la cúpula del sindicato de empleados públicos, que ha invertido enormes cantidades del fondo de pensio-

Conducir el partido a la industria 47

nes en bonos municipales emitidos por la ciudad de Nueva York. Pero más y más, los llamados beneficios colaterales —pensiones, planes médicos, suplementos al seguro por desempleo— se ven condicionados a las ganancias del patrón para quien uno trabaja. Esto se está generalizando en industrias como las del carbón, del acero y la automotriz. Estos beneficios no se conquistan para la clase trabajadora en su conjunto, ni siquiera para un sector de la clase. Estos beneficios colaterales son buenos durante los tiempos buenos —*para los trabajadores que los tienen*— porque son un complemento sustancial de todo lo demás con que pueden contar los obreros industriales. Pero cuando llega la crisis, todo esto empieza a venirse abajo. Tus pensiones se ven amenazadas. Tus planes médicos son desmantelados. Los suplementos por desempleo se agotan. Y la crisis aprieta.

Este es el precio que tenemos que pagar; es entonces que nos pasan la cuenta por el sindicalismo empresarial (*business unionism*).

Este es el precio que se paga por la política colaboracionista de clases de negarse a luchar por las verdaderas necesidades *de la clase trabajadora*. De negarse a luchar por el seguro social de toda la clase, por la atención médica universal, por beneficios de desempleo que sean reales y suficientemente altos para poder subsistir, por la protección contra la inflación y, sobre todo, por una semana laboral más corta sin disminución de salario.

Y no olvidemos jamás: este es el precio que se paga por una burocracia que rechaza una línea de acción política obrera independiente.

El precio que se paga por una burocracia sindical que dice que la luchas sociales y políticas no son necesarias, que se puede contar con las promesas de los patrones en los convenios, que ciertas alas de los dos partidos imperia-

"La colaboración de clases no es simplemente una actitud de burócratas sindicales. Asume la forma de instituciones que maniatan a los trabajadores, haciendo que dependan de algo ajeno a su propio poder como clase".

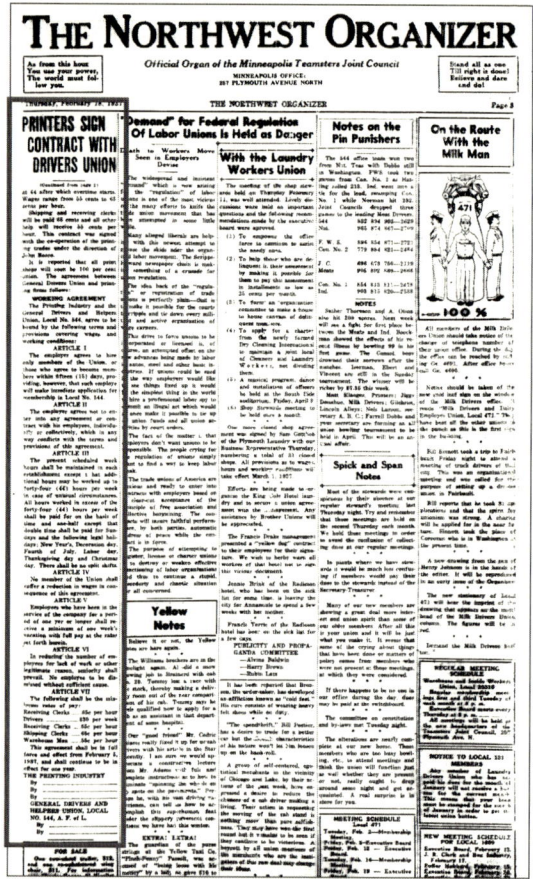

Como parte de trabas burocráticas, los trabajadores generalmente solo ven un "resumen de convenio" que reciben de los funcionarios sindicales. Hoy día los acuerdos son del tamaño de un libro e imposibles de leer. En Minneapolis el liderazgo de lucha de clases de los Teamsters insistía en contratos breves y claros, a menudo de una sola página. No tenían prohibiciones de huelgas. Arriba, un convenio con los patrones de imprentas en Minneapolis, publicado en su totalidad en el semanario de los Teamsters, 18 de febrero de 1937.

listas son *nuestro* instrumento político. Este es el precio que se paga por la negativa de la burocracia sindical a luchar por las amplias necesidades sociales de la clase trabajadora y a forjar un instrumento político que luche por ellas. Esto concretiza —de una forma nueva y más comprensible— la necesidad de un partido obrero independiente basado en los sindicatos (*labor party*), porque ahora estos problemas los encara de manera inmediata la sección de la clase trabajadora —los obreros sindicalizados en la industria básica— que se creía menos vulnerable y que tenía el mejor arreglo.

La ofensiva patronal es un ataque consciente contra la democracia sindical. *El derecho a la huelga* también se convierte en un blanco especial de los patrones. Y se institucionalizan otras trabas burocráticas, como los extensos períodos de prueba, que les dan a los patrones la oportunidad de deshacerse de sindicalistas combativos, "buscapleitos", los "heridos ambulantes" de todo tipo. Se vuelve más común la aceleración del ritmo de producción y el debilitamiento de las medidas de protección de seguridad y salud en el trabajo.

Los patrones introducen el pago por incentivos y a destajo de una forma u otra. Generalizan medidas tales como el Acuerdo de Negociación Experimental, que codifica una promesa de no realizar huelgas en la industria del acero.[12] E introducen mecanismos de arbitraje en todos los recovecos de todos los convenios, maniatando así a los trabajadores y privándolos del derecho a emplear su fuerza para resistir. Así se institucionaliza la colaboración de clases.

La colaboración de clases no es simplemente una actitud de los burócratas. Asume la forma de instituciones que

---

12. Ver el glosario: Acuerdo Experimental de Negociación (ENA).

maniatan al trabajador individual, haciendo que dependa de algo que no es la fuerza de sus compañeros de trabajo, que no es el poder de su clase. La más elemental democracia sindical; el control sindical sobre las condiciones y el ritmo de trabajo; los derechos de los trabajadores individuales en el trabajo: todo esto se ve socavado más y más por las concesiones a la ofensiva patronal.

El derecho a saber lo que dice tu convenio; el derecho a votar sobre el convenio; el derecho a elegir delegados y funcionarios sindicales: más y más, estas son cosas que los patrones no se pueden dar el lujo de permitir. Y en consecuencia, la burocracia sindical las tolera cada vez menos.

Por último, desde luego, lo que garantiza la colaboración de clases es el hecho de depender totalmente de los partidos políticos de los capitalistas y sus gobiernos.

La ofensiva de la clase gobernante ha creado una creciente necesidad de *solidaridad*. La solidaridad se ha vuelto esencial para el éxito de las luchas que ahora están brotando. Cada una de estas luchas, como la de las minas de la Cordillera de Hierro en Minnesota, o la actual huelga de los mineros del carbón, se convierte en una lucha política por la conciencia de la clase trabajadora. No solo de los trabajadores en huelga sino de la clase en su conjunto. Los huelguistas buscan solidaridad, y los patrones y el gobierno pretenden impedir ese apoyo; tratan de incitar la oposición y las divisiones.

Es por eso que no solo se necesita la solidaridad. También necesitamos el internacionalismo. Porque, en última instancia, la solidaridad de clase tiene que ser mundial. Tiene que oponerse a políticas de la clase dominante como el proteccionismo, la deportación de trabajadores indocumentados, las campañas chovinistas como la de "Compre americano" y otras por el estilo.

Además, para que haya una verdadera solidaridad, tiene

que existir dentro del propio sindicato, dentro de la propia clase trabajadora. La necesidad elemental e inmediata de la solidaridad de clase —con los mineros en huelga, con cualquier huelga— subraya la importancia de hacer sentir el peso y el poder de los sindicatos en la lucha por los derechos de los negros, los derechos de la mujer y la acción afirmativa. Sin luchar por estos derechos, se daña la solidaridad dentro del propio sindicato y dentro de la propia fuerza laboral.

Sin programas como centros de cuidado infantil, sin que se atienda y se luche por las necesidades de la mujer, queda debilitada la lucha por la democracia sindical. Se impide que sectores de la fuerza laboral participen en igualdad de condiciones. La totalidad de la fuerza laboral no puede ser movilizada a fin de tomar y aplicar las decisiones necesarias para luchar.

La ofensiva patronal tiene diferentes efectos sobre los diferentes sectores de la clase trabajadora. Golpea con más fuerza a los que están menos preparados para defenderse. Este hecho plantea directa e inmediatamente la necesidad de que el movimiento sindical encabece la lucha por las amplias necesidades sociales de los desempleados, de las mujeres, de las nacionalidades oprimidas, de los trabajadores inmigrantes, de los jóvenes, de los pequeños agricultores, de los pequeños camioneros y pescadores que operan sus propios vehículos o barcos.

Si los sindicatos no asumen la dirección, cosecharán una tormenta de creciente desconfianza y odio por parte de los que deberían ser sus aliados y hasta miembros. Y esto, en última instancia, será decisivo.

Esto significa que los artículos del *Militante* deben escribirse pensando no solo en los trabajadores afectados más directamente, sino en toda la clase trabajadora. Es más posible, y más necesario, explicar todas las cuestiones desde una perspectiva de *clase*.

Para luchar en torno a estas cuestiones sociales, para librar las batallas políticas, los trabajadores necesitan un *partido obrero*: un partido basado en nuestras más elementales instituciones de clase, los sindicatos. Necesitamos un instrumento político que defienda las necesidades de toda la clase trabajadora. Esto va de la mano de la solidaridad y la democracia sindical.

Debemos plantear la cuestión del partido obrero a todos los niveles. ¿Por qué actúan los políticos capitalistas como lo hacen? Hasta los que se autodenominan progresistas o de izquierda, o —sí— socialistas. ¿Por qué *tienen* que actuar así? ¿Cuáles son las conexiones entre los partidos y políticos capitalistas, por un lado, y los patrones, la policía, el gobierno y el estado, por el otro? ¿Qué precio concreto, en cada caso, paga la clase trabajadora en su conjunto por no tener un partido obrero que luche por los intereses de los trabajadores y otros productores explotados: el precio por estar desarmados en el campo de batalla político?

Todo esto se hace más fácil de explicar bien, y no más difícil.

Paralelamente, la burocracia sindical tiene de cada vez menos margen, menos espacio para maniobrar. Ellos tratan de negociar un convenio que satisfaga al patrón. Pero si no negocian un contrato suficientemente bueno para las filas, llegará un momento en que los trabajadores no van a querer tener que ver nada con ellos.

Por último, se hace evidente otra cosa más: la situación de la burocracia no es idéntica a la situación de los sindicatos. Es la gran lección de la huelga en la Cordillera de Hierro y la huelga de los mineros del carbón. El sindicato y la burocracia son dos cosas diferentes. De hecho, el sindicato se ve debilitado y dañado por la burocracia. Y mientras la burocracia se encuentra más y más en apuros y presionada, las filas sindicales se muestran cada vez más dispuestas a luchar y a pensar en nuevos métodos de lucha, nuevos programas y perspectivas.

¿Qué es el trabajo sindical?

¿Qué es el trabajo sindical en la industria? Esta es nuestra cuarta pregunta.

Entendido correctamente, la forma más sencilla de describirlo es hablar de socialismo con los trabajadores, o sea, *organizar* a los trabajadores. Es tomar iniciativas *junto con* otros trabajadores, incluida la organización de sindicatos. Es fortalecer la conciencia de clase y aumentar al máximo la capacidad y disposición de los trabajadores de usar el poder sindical contra los patrones y su gobierno. De eso se trata el trabajo sindical.

Lo hacemos trabajando juntos, no simplemente como individuos. Lo hacemos mediante fracciones organizadas, no de forma dispersa con cada compañero por su cuenta. Este trabajo está dirigido por el partido.

Estamos explicando el programa proletario del partido y lo estamos poniendo en práctica para guiar nuestra actividad en la clase trabajadora y los sindicatos. Estamos vendiendo suscripciones al periódico que promueve la organización de la clase trabajadora, así como libros y folletos de dirigentes del partido y de luchas revolucionarias. Usamos nuestra serie de foros semanales, las campañas electorales del PST y otras instituciones del partido.

Nuestro objetivo es ayudar a los trabajadores, incluidos los miembros del partido, a cobrar más confianza en nosotros mismos. A cobrar más confianza, *a medida que nos organizamos*, en nuestra fuerza y nuestras capacidades. Al hacer esto, se fortalece la solidaridad a cada paso.

No existe un manual que convierta a cualquier compañero en experto de la noche a la mañana. Solo la experiencia en la lucha de clases puede incidir en eso. Pero existe algo que todo compañero debe leer o releer cuando consiga trabajo en la industria. Debería ser una especie de ley en el partido. Es la serie de cuatro libros de Farrell Dobbs sobre el sindicato Teamsters: *Rebelión Teamster, Poder Teamster, Política Teamster* y *Burocracia Teamster*.[13] Es improbable que se pueda hallar un mejor "manual" que explique todos los aspectos del trabajo sindical bolchevique. [Y un poco más de cuatro décadas desde que se presentó este informe, yo agregaría dos obras más a esta lista de lectura obligada: el artículo inconcluso de León Trotsky de 1940, "Los sindicatos en la época de la decadencia imperialista", incluido el prefacio de Farrell Dobbs al folleto publicado en 1969 que contiene ese artículo, y *Malcolm X, la liberación de los negros y el camino al poder obrero*, publicado en 2009.[14] — JB]

No hay recetas que podamos repartir de cómo hacer trabajo sindical. Pero hay ciertas cosas que debemos tener en cuenta.

Una de ellas es la diferencia que a veces existe entre el trabajo que uno puede hacer en la fábrica y el trabajo que uno puede hacer en el sindicato. A veces se puede hacer uno y no el otro, y luego esto puede cambiar súbitamente y se puede hacer ambas cosas.

Segundo, debemos aprovechar cada oportunidad para hablar en concreto sobre la democracia sindical, la acción

---

13. Ver el glosario: Teamsters, serie sobre.

14. Trotsky no había terminado el artículo al momento de su asesinato en agosto de 1940. Ese artículo, junto con el prefacio de Dobbs, se encuentra en *Los tribunos del pueblo y los sindicatos*, de Carlos Marx, V.I. Lenin, Trotsky, Farrell Dobbs y Jack Barnes (Pathfinder, 2019). Pathfinder también publica *Malcolm X, la liberación de los negros y el camino al poder obrero*, de Barnes.

política obrera independiente y la solidaridad. Plantear estas cuestiones, hablar de ellas cada vez que se presenta la oportunidad. Aquí también hay muchas variaciones.

Por ejemplo, los compañeros en Sparrows Point, la gran fábrica de acero de la empresa Bethlehem Steel en Baltimore, informan acerca de todo tipo de intercambios entre los obreros del acero sobre la huelga de los mineros del carbón: sobre cómo apoyar a los mineros y la importancia de esta lucha. Obreros negros y latinos están tomando la delantera en explicar la necesidad de la solidaridad y se están organizando en este sentido.

En cambio, los compañeros en los astilleros de Brooklyn, donde la conciencia sindical es más baja, descubren que tienen que empezar por explicar por qué los trabajadores deben interesarse en los mineros, por qué la lucha de los mineros es importante. Especialmente algunos obreros negros, puertorriqueños, latinos dicen: "Si están ganando siete u ocho dólares la hora [entre $27 y $31 la hora en 2019] con todas esas prestaciones, ¿por qué debemos interesarnos en darles apoyo?" Varía enormemente.

Lo tercero es aprender acerca de la industria, aprender las destrezas del empleo, aprender sobre los sindicatos y ayudar a otras personas a hacer lo mismo.

Lo cuarto es siempre ver todo como un esfuerzo de la *fracción*. Jamás debemos poner a un compañero o compañera que trabaja en la industria en una situación donde se sienta exclusivamente responsable, como *individuo*, por el trabajo sindical. Nunca les pidan que entreguen una lista de sus logros individuales. No hacemos nada así. No atribuimos a una sola persona los resultados de una campaña electoral. No elogiamos a Fred Halstead como individuo porque fue dirigente de nuestro trabajo en el movimiento contra la guerra de Vietnam cuando medio millón de personas se manifestaron en Washington.

Por supuesto, cada compañero es responsable como individuo de lo que hace, o no hace, para llevar a cabo el trabajo sindical según lo que el partido ha debatido y decidido. Pero nuestro criterio político es lo que logramos juntos: en las fracciones, dirigidas por el partido, junto a otros trabajadores. Así debe entenderse el trabajo sindical. No necesitamos hacer un balance diario de los altibajos individuales de este trabajo. No lo juzgamos por los períodos en que se puede lograr menos. Nos guiamos por el esfuerzo a largo plazo del partido y las fracciones, a nivel nacional. Es la única forma posible de medir lo que logramos en el trabajo sindical. Lo que pueden hacer los compañeros como individuos varía mucho: de un momento a otro en el mismo empleo, y de un empleo a otro en la misma industria.

No hay que considerar el trabajo sindical como algo aparte de las campañas del partido. No es "otra campaña más" entre la lista de prioridades. Es nuestro eje, nuestro entorno y nuestro campo fundamental de trabajo. Y fortalece todas nuestras campañas, así como el trabajo de la Alianza de la Juventud Socialista.

Ya hemos aprendido unas cuantas lecciones de nuestro trabajo en la industria del acero y otras industrias. Una de las lecciones es que no tenemos que quedarnos sentados esperando que estallen las grandes luchas antes de poder hacer algo. Las luchas se avecinan. Pero no siempre suceden en todo lugar, a toda hora, para todos los compañeros.

Si bien no necesitamos esperar, tampoco podemos empezar con la idea de que vamos a iniciar grandes luchas si estas no están ocurriendo. Nuestro tamaño excluye esta posibilidad. Siempre que evitemos estos dos errores, podremos hacer una inmensa cantidad de trabajo.

Tenemos que hacernos otra pregunta sobre el trabajo sindical. ¿Qué se estaría perdiendo el partido *hoy* si la

"Los obreros en industrias que producen o transportan materias primas y productos semiterminados tienen peso. Sin ellos la producción y el comercio capitalista se paran".

JOHN COBEY/MILITANTE

MARTÍN KOPPEL/MILITANTE

Arriba: Piquetes en astillero de Tenneco en Newport News, Virginia, febrero 1979. La batalla que logró el reconocimiento del Local 8888 del sindicato del acero mostró que se habían fortalecido la clase trabajadora y los sindicatos gracias a las victorias de luchas por los derechos de los negros en el Sur.

Abajo: Obreros de Bethlehem Steel en Baltimore organizaron dos buses para ir a un acto de 3 500 personas en Newport News en apoyo a esa huelga, marzo 1979. Miembros del PST estaban entre los obreros en la fábrica de acero que promovieron el acto.

"La recesión mundial de 1974–75 fue un hito para el capitalismo. Coincidió con importantes sucesos en la política mundial: en Vietnam, Angola, Sudáfrica, Granada, Nicaragua e Irán".

Arriba: Cuando Angola declaró su independencia en 1975, fue invadida por tropas de Sudáfrica. Tras una guerra de 16 años, el ejército del régimen del apartheid fue derrotado por tropas angolanas y voluntarios cubanos. Aquí, soldados angolanos y cubanos celebran victoria tras batalla importante en Cangamba, agosto 1983.

Abajo izquierda: En abril 1975, combatientes por la liberación de Vietnam entraron a Saigón, hoy Ciudad Ho Chi Minh, mientras huían las últimas fuerzas norteamericanas.

Abajo derecha: Soweto, Sudáfrica, junio 1976. La policía dispara contra manifestación de 10 mil estudiantes, lo que provocó auge popular que aceleró la lucha que llevó al fin del régimen del apartheid a principios de los 90.

Arriba: Teherán, 8 de marzo de 1979. Miles de mujeres, que habían participado en la insurrección que tumbó al sha un mes antes, reclaman igualdad de derechos y condenan intentos del nuevo régimen de obligar a las mujeres en Irán a llevar el velo.
Derecha: Managua, Nicaragua, julio 1979. La dictadura de Somoza, respaldada por Washington, fue derrocada por un movimiento popular revolucionario.

Abajo: Granada, 1980. Trabajadores condenan amenazas de Washington contra gobierno revolucionario que llegó al poder en marzo 1979.

"A medida que los patrones y su gobierno atacan a los obreros industriales y sus sindicatos, la clase dominante empuja este sector decisivo de nuestra clase al centro de la política en EEUU".

Arriba: Washington, abril 1975. Partidarios de Obreros del Acero Resisten, organizado por obreros de filas en lucha por democracia sindical, participan en protesta de la AFL-CIO por empleos.

Abajo: Wellington, Nueva Zelanda, junio 1976. Protesta de 10 mil contra congelación de salarios. Participaron opositores del régimen del apartheid sudafricano, así como jóvenes que resistían recortes a la educación y partidarios de la legalización del aborto.

Arriba: Oklahoma City, julio 1979. Automotrices en General Motors celebran triunfo de campaña de sindicalización, con voto de 2 a 1 a favor de la unión. Junto con la exitosa campaña de los siderúrgicos en Newport News —la más grande en el Sur en un cuarto de siglo— estas victorias dieron impulso a luchas obreras en todo el país.

Abajo: Virginia, Minnesota, agosto 1977. Unos 18 mil huelguistas del sindicato del acero paralizaron minas de hierro y fábricas en Minnesota y Michigan.

"Usamos el *Militante*, libros y campañas electorales del PST para explicar la verdad sobre la explotación, opresión y guerras del capitalismo, y cómo el pueblo trabajador resiste los ataques a nuestros derechos y condiciones de vida y trabajo".

Izquierda: Dan Fein, obrero del acero y candidato del PST en 1979 para alcalde de Phoenix, Arizona.

Pancarta de su campaña dice, "Trabajadores necesitamos partido obrero basado en los sindicatos".

Centro: Tom Moriarty, minero y candidato del PST a gobernador de Virginia del Oeste en 1980. "Los mineros hemos demostrado que podemos luchar y ganar", dijo Moriarty. "Hagámoslo tanto en la política como en la línea de piquetes". El volante dice, "Minero del carbón para gobernador".

Abajo: Los obreros de astillero Eli Green y Cappy Kidd se postularon para el consejo municipal en Newport News, Virginia, en 1982.

Izquierda: Kiruna, Suecia, febrero 1999. Obrero socialista muestra *Militante* a un minero del hierro en la empresa LKAB, 90 millas al norte del Círculo Polar Ártico. Cada número del *Militante*, dice Barnes, "informa, en la propia voz de los trabajadores y con nuestros propios nombres, sobre la resistencia en fábricas, minas y comunidades obreras".

El PST organizó una escuela de dirección "para ayudar a dirigentes electos del partido a reeducarse sobre nuestro programa marxista con un estudio concentrado". Entre 1980 y 1986 se realizaron 10 sesiones. **Arriba,** participantes en semestre a principios de 1981.

"En la lucha por la desegregación de las escuelas de Boston en 1974–75, la comunidad negra y sus partidarios combatieron a los racistas hasta un empate".

Arriba: Boston, diciembre 1974. "¡Que sigan rodando los buses!" fue la consigna de miles en manifestación por la desegregación de las escuelas públicas de Boston. Cuando líderes del Partido Demócrata organizaron a matones para atacar buses escolares, los asaltos fueron repelidos con masivas asambleas, manifestaciones y guardias voluntarios para los buses.

Esa batalla, dice Barnes, "fue la experiencia de combate político más decisiva para todo un sector de la dirección del partido, incluyendo una parte importante de nuestros dirigentes que son negros".

STEVE SCHLUTER/MINNEAPOLIS STAR

"Es a través del *Militante* y libros que publicamos que nuestros compañeros de trabajo conocen quiénes somos. Somos partidarios de los derechos de los negros y la igualdad de la mujer. Defendemos la Revolución Cubana. Creemos que los trabajadores deben controlar la seguridad y la producción".

29 DE SEPTIEMBRE DE 1978

3 DE AGOSTO DE 1979

En 1977 los patrones del Ferrocarril de Milwaukee fueron de los primeros en la industria en recurrir a tribunales de quiebra para reducir tripulaciones, despedir a obreros y aumentar ganancias. Los obreros crearon botones y camisetas que exigían: "Investiguen *Milwaukeegate*".

Arriba: Minneapolis, junio 1979. Asamblea de 250 obreros exige a los patrones, "¡Abran los libros de contabilidad!" Seis sindicatos ferroviarios locales auspiciaron el evento.

Arriba derecha: El *Militante* hizo campaña en defensa de empleos y condiciones seguras para obreros ferrocarrileros.

"Apoyamos a los mineros que hicieron retroceder la enfermedad del pulmón negro desde los años 60 y ganaron clínicas comunitarias. Que formaron Mineros por la Democracia para usar el poder sindical en defensa de las filas".

STU SINGER/MILITANTE

El Sindicato Unido de Mineros, la unión más poderosa en Estados Unidos en ese entonces, fue blanco especial de la campaña antisindical de los patrones.

Arriba: Washington, marzo 1981. Protesta nacional de mineros. Fue poco antes de que 160 mil mineros iniciaran una huelga que, igual que en 1977–78 con la huelga de 110 días, ganó un convenio sin las grandes concesiones que exigían los patrones. Una pancarta dice, "El polvo de carbón mata a mineros del carbón".

gran mayoría de los militantes no nos incorporáramos a la industria? No después de nuestro próximo encuentro nacional, o después de nuestra próxima reunión del Comité Nacional, sino *hoy*.

Una de las cosas más importantes que nos perderíamos es conocer la vida de la clase trabajadora más a fondo. No sentiríamos el pulso de los cambios que están empezando a ocurrir en la política de Estados Unidos. No conoceríamos la vida de las fábricas, plantas y minas. No aprenderíamos sobre la vida de los sindicatos, y la vida en los sindicatos burocráticamente degenerados y deteriorados. Nos perderíamos la posibilidad de estar integrados a la vida de los trabajadores, de los ritmos, los problemas, las experiencias, las dificultades.

Todo esto solo puede aprenderse de una forma: estando allí. Una vez allí, no necesitamos las fraudulentas encuestas de la agencia Gallup para entender lo que piensan los trabajadores.

Farrell [Dobbs] me recordó una anécdota sobre Lenin durante las Jornadas de Julio en Rusia en 1917 cuando Lenin, bajo la amenaza de ser arrestado por el gobierno, se vio forzado a la clandestinidad. Un trabajador le dice, "Nos tienen miedo, compañero Lenin".

Lenin le pregunta "¿Qué has escuchado, compañero?" Y el trabajador le contesta, "El pan está mejor".

Lenin no necesitaba una encuesta. No tenía que esperar a que saliera el Gallup de Petrogrado, que podría ser falso o equivocado. Un partido de trabajadores-bolcheviques es la mejor encuesta.

Lo esencial para nosotros es la muy fructífera labor partidista que se puede hacer ahora mismo, en el centro de la vida política en Estados Unidos: en la clase obrera industrial. Al decir centro, claro está, no queremos decir que es el único lugar. No están ocurriendo grandes acciones políticas en las calles. Pero más y más, lo que sucede en los sindicatos y lo que les sucede a los sindicatos afecta profundamente toda la correlación de fuerzas de clase. Es aquí donde se está forjando la dirección, la futura dirección con perspectiva de lucha de clases de todos los movimientos de los oprimidos y explotados, y donde debe forjarse si van a ser conducidos a la victoria.

Por tanto, el cambio en la composición del partido permite que se fortalezca mucho. No solo tendremos los dedos directamente en el pulso de sectores claves de la clase trabajadora norteamericana, sino que conoceremos a trabajadores que están siendo puestos a prueba y entrenados —entre ellos, nosotros— para convertirse en dirigentes de las batallas por llegar. Este es el más importante campo de entrenamiento para los dirigentes proletarios de las luchas del futuro.

Un partido de trabajadores-bolcheviques

¿Qué es un trabajador-bolchevique?, un término que tomamos de Lenin con orgullo. ¿Qué es un partido cuya gran mayoría son trabajadores-bolcheviques?

Como individuo, el trabajador-bolchevique es miembro de un partido revolucionario de trabajadores, un partido conocido por los trabajadores, un partido que conoce a los trabajadores. Un partido en el que confían los trabajadores, y que confía *en* ellos. Un partido integrado, tanto en sus filas como en su dirección, por trabajadores. Muy sencillo. Pero hay más.

Un trabajador-bolchevique es un trabajador para quien lo primero es el partido. Un trabajador para quien el partido lo es todo. Estamos en la industria, en los sindicatos, por una sola razón: para construir el partido. Este será el campo de batalla donde el partido o bien conquistará el liderazgo y dirigirá a los oprimidos y explotados en la lucha por el poder, o bien perderá este liderazgo a una de las corrientes pequeñoburguesas y verá triunfar la contrarrevolución. Por eso estamos en los sindicatos y vamos a arraigarnos más y más en ellos.

Los trabajadores-bolcheviques son revolucionarios profesionales en el mejor sentido de la palabra. Como sabemos, un revolucionario profesional no es lo mismo que trabajar a tiempo completo por el partido, aunque el revolucionario profesional esté dispuesto en todo momento a aceptar una responsabilidad a tiempo completo cuando el partido se lo pida. Independientemente de cómo gane su salario, el trabajador-bolchevique es alguien que en todo momento está dispuesto a asumir importantes responsabilidades como miembro del partido, de cualquier forma que sea necesaria. Un compañero o compañera que sostiene económicamente y apoya políticamente el aparato a tiempo completo del partido, la prensa y la infraestructura política que el partido necesita para funcionar.

El trabajador-bolchevique está listo para mudarse a una nueva industria o a una nueva ciudad cuando se presente la necesidad. Listo para ayudar con la expansión del partido, para fortalecerlo a nivel nacional, para que pueda responder a una oportunidad política como en Morgantown, Virginia del Oeste, o en la Cordillera de Hierro en Minnesota. Listo para ayudar a desarrollar las ramas que hemos establecido en centros políticos importantes —centros que afectan regiones y estados enteros— como Albany, Raleigh, Salt Lake City, Miami, San Antonio y Toledo, ramas que necesitan refuerzos para aprovechar las oportunidades.

Para recalcar este punto, la dirección está obligada a elogiar la piromanía.

Una de mis citas preferidas de Jim Cannon es de su discurso de clausura en el pleno-conferencia del partido en

1941. Al referirse a la colonización de la industria, como estamos haciendo hoy, dijo, "No hay nada más vergonzoso para un joven revolucionario que acomodarse en un lugar y quedar tan atado por las cosas" que ya no quiera mudarse. "Lo mejor que le pudiera ocurrir es un incendio" que le quitara de encima esas trabas de propiedad y lo hiciera nuevamente "libre de ataduras y revolucionario".[15] Estas palabras deberían colgarse en la pared de todo trabajador-bolchevique. Es la verdad.

Cuando los trabajadores se incorporan al partido, ven a compañeros de trabajo que desempeñan responsabilidades en los comités ejecutivos locales o de las ramas, en comité de foros, como directores de finanzas y educación, como organizadores de la campaña electoral del PST, como candidatos para cargos públicos, etcétera. Si esto no fuera normal en un partido de trabajadores-bolcheviques, todo el concepto sería una utopía.

El trabajador-bolchevique es un compañero que no cree que uno hace trabajo político solo después de salir de la fábrica. No espera hasta alejarse de su trabajo, o hasta encontrar un empleo que le permita estar más "disponible" para otras cosas pero que reduzca las oportunidades de hacer trabajo político en el empleo.

Los trabajadores-bolcheviques se consideran propagandistas socialistas tanto dentro como fuera de su centro de trabajo. Venden el *Militante*. Venden libros y folletos. Plantean ideas de cómo dirigir la lucha de clases, oponiéndose a la política colaboracionista de clases de la dirección actual. Están conversando continuamente con otros trabajadores sobre política, sobre nuestras campañas, sobre nuestro periódico, sobre la posibilidad de conocer a otros revolucionarios, sobre la oportunidad de apoyar luchas

---

15. Cannon, *The Socialist Workers Party in World War II*, p. 237.

sociales que necesitan el respaldo del movimiento sindical. Por último, *y lo más importante,* hablan con sus compañeros de trabajo sobre la necesidad de unirse al partido.

Una estructura partidista

¿Y qué decir sobre un partido de trabajadores-bolcheviques desde el punto de vista de las normas y estructura del partido? Lo fundamental, nuevamente, es que el partido debe dirigir. El partido no puede abandonar nunca a una fracción a que se las arregle sola. Una fracción industrial no es una fracción de Obreros del Acero Resisten, o de un caucus dentro del UMWA o del OCAW. Es una fracción de miembros del Partido Socialista de los Trabajadores. Y ante todo, hay que dirigir esta fracción del Partido Socialista de los Trabajadores en armonía con el ritmo de la lucha de clases y el carácter y ritmo de las campañas partidistas que llevamos al sindicato. Esto apunta a una serie de modificaciones que se convertirán en normas del partido.

La relación entre las fracciones industriales y las ramas y los locales debe desarrollarse a través de nuestra experiencia. Habrá una variedad de formas específicas. En algunos lugares —como en Houston— tenemos directores sindicales que colaboran con todas las fracciones como parte de la dirección en esa ciudad. En otros lugares, como el Área de la Bahía de San Francisco, usamos formas *ad hoc,* desarrolladas específicamente para esa situación. Tenemos una fracción del sindicato del acero para el Área de la Bahía, que un miembro del Comité Nacional ayuda a dirigir. Encontraremos las formas más apropiadas y las utilizaremos.

Este viraje a la clase obrera industrial y a los sindicatos industriales afecta todo lo que hacemos, cada aspecto de nuestra estructura y funcionamiento. Hay que cambiar la hora en que tenemos las reuniones de la rama para que los compañeros que trabajan en la industria puedan asistir. Hay que reevaluar el tamaño de las ramas. Tenemos que examinar la venta del *Militant* y de *Perspectiva Mundial* en este contexto. Será esencial organizar ventas sistemáticas a las entradas de fábricas para brindar ayuda externa a las fracciones industriales dentro de las plantas.

El partido tiene que dirigir, integrando a los compañeros a la industria. Debe ser una campaña consciente y organizada. Y para dirigir, la dirección sienta el ejemplo. Debe ser la norma que la mayoría de los miembros del comité ejecutivo estén en la industria. Tenemos que posibilitar que los compañeros que son organizadores de ramas y locales puedan hacer esto, y al mismo tiempo promover a una nueva leva de compañeros para que tengan la experiencia de ser organizadores. Estamos liberando a miembros del Comité Nacional de otras responsabilidades para incorporarse a la industria ahora. También lo harán los miembros del comité timón sindical y algunos miembros del Comité Político.

Además debemos poner más énfasis ahora en la educación. Al igual que la propia clase trabajadora, los trabajadores-bolcheviques tenemos una gran necesidad y sed de educación. Tenemos que leer, pensar, escuchar, debatir. Tenemos que aprender cómo explicar las cosas, y leer para estar al día con nuestros compañeros de trabajo.

Necesitamos prestar atención a los programas educativos de las ramas y los locales. Debemos pensar bien cómo utilizar nuestra conferencia nacional educativa cada año. Tenemos que considerar seriamente la posibilidad de reanudar algo como la Escuela Trotsky.[16] O sea, de tener una forma sistemática de liberar a dirigentes electos del partido —empezando con miembros del Comité Nacional y

---

16. Ver el glosario: Escuela Trotsky; Escuela de liderazgo del PST.

del Comité Político— de sus responsabilidades cotidianas y ayudarlos a educarse y reeducarse sobre nuestro programa marxista mediante el estudio concentrado durante cuatro o cinco meses.

Pero lo más importante es actuar *ya* para que la mayoría del partido y de su dirección se incorporen a la industria. Esta es la gran oportunidad, la responsabilidad de la dirección.

Una vez que los obreros industriales son la gran mayoría de una rama, los ritmos y las necesidades de esta mayoría de compañeros se convierten en la norma. Cuestiones organizativas sobre las relaciones entre ramas y fracciones industriales solo se convierten en problemas cuando no es así. La experiencia enseña que el compañero medio no se convierte en un sindicalista menos activo sino más bien en un bolchevique más activo.

Los cambios que debemos hacer en nuestra estructura se darán de forma natural y serán considerados no como problemas sino como parte normal de la vida partidista, de aprovechar las oportunidades a medida que logramos transformar el partido. Al ocurrir esto, se establece una nueva norma. Uno olvida lo que ayer era normal. Se vuelve normal lo que hoy es normal.

Lecciones de liderazgo

Nuestra sexta y última pregunta: ¿Cómo es la dirección de un partido de este tipo?

Tenemos un Comité Nacional nuevo y relativamente joven. Pero tiene una de las mayores responsabilidades, quizás la mayor oportunidad de cualquier dirección nacional en la historia del partido. Así que queremos dedicar un poco de tiempo en esta parte del informe para abordar la más importante de todas las cuestiones: *la dirección*.

Si el partido ha de dirigir una revolución proletaria,

tiene que ser un partido proletario. Tiene que ser un partido proletario en cuanto a su programa, su composición, su experiencia y su dirección. Debe entender la época en la que está. Su tarea no es reformar el capitalismo. Nuestra perspectiva es la eliminación del dominio capitalista. Nuestro programa es la revolución socialista. No tenemos un montón de programas diferentes para diferentes sectores o capas de la clase trabajadora. Rechazamos todo concepto de sectoralismo o polivanguardismo. El camino hacia el futuro es el de una revolución proletaria, y la vanguardia debe ser la vanguardia consciente y organizada del proletariado. La clase dominante más poderosa y centralizada de la historia tiene que ser desplazada del poder.

Pero ahí no termina el asunto, porque el proletariado no es homogéneo. Si el proletariado, que es la gran mayoría, fuese totalmente homogéneo, si todos los trabajadores pasaran por las mismas experiencias y llegaran a las mismas conclusiones al mismo tiempo, no sería tan necesario un partido de combate, consciente y políticamente homogéneo. Tal vez lo podríamos lograr con las más amplias instituciones de clase —comités de fábricas, soviets, lo que sea— que por definición abarcan a la gran mayoría activa de toda la clase.

Pero en realidad, es precisamente cuando se llega a esa etapa —la de la transformación de los grandes sindicatos industriales en instrumentos revolucionarios de lucha, la de la creación de consejos obreros, de soviets— que el carácter heterogéneo de la clase (basado en diferencias históricas por oficio, género, raza, edad y experiencia política) hace tan crítica la necesidad del partido.

Se necesita un partido que hable en nombre de los sectores más conscientes del proletariado, y dirija la lucha para enfrentar y convencer a los trabajadores menos conscientes y más retrógrados, a los más afectados por la ideología burguesa y pequeñoburguesa. Por tanto, no es de poca importancia la cuestión de si el partido está arraigado en los sectores de la clase trabajadora que están doblemente oprimidos en la sociedad capitalista, y de si una buena parte de la dirección y los miembros del partido está compuesta de estas capas. Estos trabajadores estarán entre los mejores combatientes y los dirigentes más valientes, resueltos y conscientes del partido y de la clase.

El ascenso del movimiento por los derechos de los negros y de la lucha de la mujer ha tenido un gran impacto, un impacto histórico que hemos abordado con frecuencia. Pero ante todo, para el partido revolucionario tienen un significado primordial: se ha ampliado el material humano, los dirigentes potenciales del partido proletario.

Si eso es cierto, nos indica algo más. Todos los dirigentes *dirigen al partido*, no a un sector o grupo en el partido. Por supuesto, los dirigentes que son mujeres son reconocidas por las mujeres más jóvenes del partido como ejemplos, como personas de las que pueden aprender. Lo mismo con los compañeros que son negros. Todos pasamos por esta experiencia. Cuando encuentras a un semejante, a una persona con la que te puedes identificar, te ayuda a desarrollar la confianza necesaria para avanzar.

Pero lo que buscamos no son dirigentes negros del partido. Necesitamos dirigentes del partido que son negros. No dirigentes chicanos del partido o dirigentes femeninos del partido o dirigentes obreros del partido, sino dirigentes integrales —respetados por todo el partido— que son negros, chicanos, puertorriqueños, mujeres y obreros industriales.

No dirigentes que se responsabilizan de una sola sección del partido o un solo aspecto del trabajo partidista, sino dirigentes que asumen responsabilidades generales, que dirigen el trabajo de todo el partido.

La decisión que estamos tomando en esta reunión del Comité Nacional influye mucho en el desarrollo de este tipo de dirección, porque es en el seno de la clase obrera industrial donde se fomentará una dirección proletaria. La industria no será el único ámbito, ya que las luchas del pueblo trabajador y los oprimidos ocurren entre otras capas explotadas en ciudades, pueblos, zonas rurales y otros centros de trabajo. Pero es principalmente en la industria donde nuestros dirigentes van a desarrollar experiencia y confianza, y donde surgirán. Esto es universal, para la totalidad del partido.

No hay caminos diferentes
No tenemos distintos caminos para llegar a ser dirigentes. No podemos tener diferentes caminos para caucásicos y negros, para hombres y mujeres, para cuadros más experimentados y menos experimentados. Si tuviéramos criterios diferentes, las elecciones de dirigentes se convertirían en un fraude.

Nuestro trabajo en la industria, y nuestra integración a la industria, es la principal responsabilidad directiva para todos los cuadros. Es aquí donde surgirá, históricamente, la próxima dirección del partido proletario y los dirigentes de la próxima etapa del movimiento de masas.

Esto es el caso no solo para la futura ala izquierda con perspectiva de lucha de clases en los sindicatos, sino para el movimiento negro, el movimiento chicano, el movimiento puertorriqueño y el movimiento de la mujer. Para que esas luchas puedan avanzar, de aquí habrán de surgir los dirigentes, no de las filas de abogados, predicadores, profesores, burócratas sindicales, políticos pequeñoburgueses y ex funcionarios de gobierno. Se hallarán entre la clase trabajadora norteamericana y es ahí donde tenemos que estar para poder ganarlos.

Hay otro aspecto más. Al pensar en este informe, volví a leer *La lucha por un partido proletario*. Me llamó la atención algo que no había recordado tanto de mis lecturas anteriores: el énfasis que Jim Cannon puso en las *actitudes* hacia el liderazgo y la organización.

Él enumeró muchas de las características de los dirigentes proletarios. La *seriedad* hacia la organización del liderazgo. La *objetividad*. Subordinar las consideraciones personales y *poner el partido en primer lugar*. Mantener una *actitud profesional* hacia el partido. Ser enemigo acérrimo de la chismería, el cinismo, el burocratismo y la hipersensibilidad a la crítica. Jim enfatizó que todos estos rasgos son actitudes proletarias hacia el partido.

Y ese no solo era el criterio de Cannon. Era también el de Trotsky, basado en la experiencia de Lenin y los bolcheviques. Al elogiar *La lucha por un partido proletario* como "el escrito de un auténtico dirigente obrero", y en sus cartas y escritos polémicos sobre organización y liderazgo en el libro *En defensa del marxismo*, Trotsky recalcó el mismo punto. Nosotros incorporamos este criterio en el programa fundamental del PST, incluyendo nuestra resolución sobre normas y principios, adoptada en 1965: *El carácter organizativo del Partido Socialista de los Trabajadores*.

Ante todo, *lo decisivo en esto es la objetividad*. Para dirigir y dar un ejemplo en torno a la cuestión de organización, a la cuestión de liderazgo, sobre todo debemos ser objetivos y no subjetivos. El punto de partida nunca es "yo y lo mío", sino "nosotros y lo nuestro". El punto de partida debe ser las necesidades del partido, las necesidades de la clase trabajadora.

Obreros del acero luchan por recuperar su sindicato

A principios de 1977 Jack Barnes recorrió nueve ciudades, desde Pittsburgh y Cleveland hasta Houston, Chicago, Detroit y el Área de la Bahía de San Francisco, para hablar con trabajadores sobre el movimiento Obreros del Acero Resisten (Steelworkers Fight Back).[1]

El dirigente de Obreros del Acero Resisten, Ed Sadlowski, presidente del Distrito 31 del Sindicato Unido de Obreros del Acero (USWA) en Chicago y el noroeste de Indiana, se postulaba ese año a la presidencia del USWA para destituir a la cúpula sindical de I.W. Abel, la cual colaboraba como uña y carne con los patrones del acero. Abel renunció para evitar ese desafío y escogió personalmente a su lugarteniente, Lloyd McBride, para reemplazarlo.

Los otros candidatos en la lista electoral de Obreros del Acero Resisten eran Oliver Montgomery, vicepresidente

---

1. Ver el glosario: Obreros del Acero Resisten (Steelworkers Fight Back); Acuerdo Experimental de Negociación; USWA.

(asuntos humanos), Marvin Weinstock, vicepresidente (administración), Nash Rodríguez, secretario; Andrew Kmec, tesorero, y Jim Balanoff, quien fue electo presidente del Distrito 31. En la votación del 7 de febrero de 1977, a Sadlowski se le acreditaron 238 150 votos y a McBride 324 500.

El *Militante* publicó, en las ediciones del 8 y 15 de abril de 1977, una entrevista con Barnes sobre el significado de Obreros del Acero Resisten. A continuación se reproducen extractos de las respuestas de Barnes a las preguntas del reportero.

La democracia sindical, el derecho de huelga, la necesidad de un sindicato que haga frente al patrón: estas fueron las cuestiones decisivas para el movimiento Obreros del Acero Resisten.

El hecho de que el equipo de Sadlowski recibió casi un cuarto de millón de votos *que fueron contados* subraya la verdadera victoria: el comienzo de la movilización de miles de obreros del acero en una lucha por recuperar su sindicato. Esa fue la victoria de Obreros del Acero Resisten.

La forma en que se dividió el voto de los siderúrgicos no fue, como se explica a menudo, entre los pequeños talleres y las grandes fábricas de la industria básica, sino de acuerdo a sus relativos privilegios, sus edades y sus actitudes políticas.

Sadlowski ganó la votación en muchos talleres pequeños —que tienen niveles salariales más bajos, peores condiciones y peor representación sindical que el sector básico del acero— donde se habían propagado las ideas de Obreros del Acero Resisten.

Sadlowski, al parecer, sí ganó la mayoría en el sector básico de la industria, lo cual es muy significativo como voto de no confianza en el liderazgo de Abel. Es un voto de repudio, en el sector básico, al Acuerdo de Negociación

"La democracia sindical, el derecho de huelga, un sindicato que se defienda del patrón: esas fueron las cuestiones claves para el movimiento Obreros del Acero Resisten".

Arriba: Ed Sadlowski, candidato de Obreros del Acero Resisten para presidente sindical, habla en Detroit, 5 de febrero de 1977. "Obreros del Acero Resisten apoyó medidas para combatir la discriminación contra los negros, chicanos y mujeres en el trabajo, el sindicato y la sociedad", dice Barnes.

Centro: Volante con lista de candidatos de Obreros del Acero Resisten. El encabezado dice, "¡Es hora de un cambio!"

Abajo: Sadlowski hace campaña en fábrica de la US Steel en Chicago, agosto 1976. Las filas usaron esta campaña para desafiar a la burocracia del sindicato USWA y luchar por el control democrático de su unión.

"Los mineros ganaron comités sindicales de seguridad capaces de parar la producción por condiciones peligrosas, y con Mineros por la Democracia ganaron el derecho a votar sobre sus convenios".

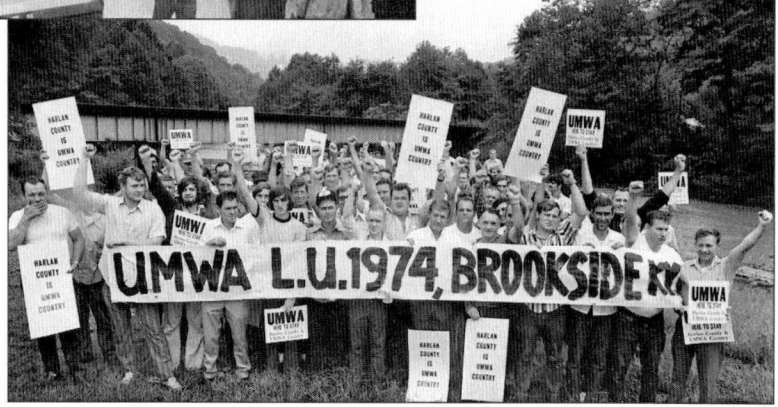

ROBERT GUMPERT/APPALSHOP ARCHIVE

Arriba: Charleston, Virgina del Oeste, febrero 1969. Mineros del carbón exigen medidas contra el pulmón negro. Tras una huelga de 40 mil mineros, el gobernador promulgó ley que obligaba a empresas a pagar indemnización por la enfermedad discapacitante. De estas movilizaciones surgió Mineros por la Democracia, que ganó más control del sindicato por parte de las filas.

Abajo: Condado de Harlan, Kentucky, 1974. Mineros en huelga por el reconocimiento de la unión en una mina de Duke Power. Su lucha exitosa recibió apoyo a nivel nacional, sobre todo después de que un capataz de la empresa mató a un joven huelguista.

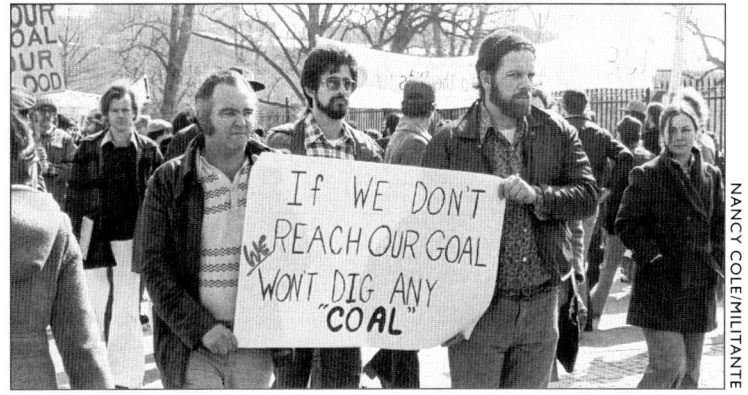

MILITANTE

Arriba: Mineros en huelga marchan en Washington, marzo 1978. Unos 160 mil mineros libraron huelga de 110 días que derrotó intentos de patrones de imponerles concesiones. Desafiaron una orden de la administración Carter de regresar al trabajo, invocada bajo la Ley Taft-Hartley. El letrero dice, "Si no logramos nuestra meta, no vamos a sacar carbón".

Centro: Abril 1977. A entradas de fábricas de acero por todo el país, trabajadores socialistas vendieron 4 mil ejemplares del *Militante* que reproducía resumen oficial del nuevo contrato del USWA.

Abajo: Galatia, Illinois, noviembre 2011. Vendiendo el periódico socialista cerca de la entrada de una mina. Ventas del *Militante* a entradas de fábricas son "esenciales como parte del apoyo externo a las fracciones del partido dentro de las plantas", explica Barnes.

"El trabajo sindical, entendido correctamente, significa encontrar formas de impulsar el desarrollo de una vanguardia obrera de masas que piense socialmente y actúe políticamente".

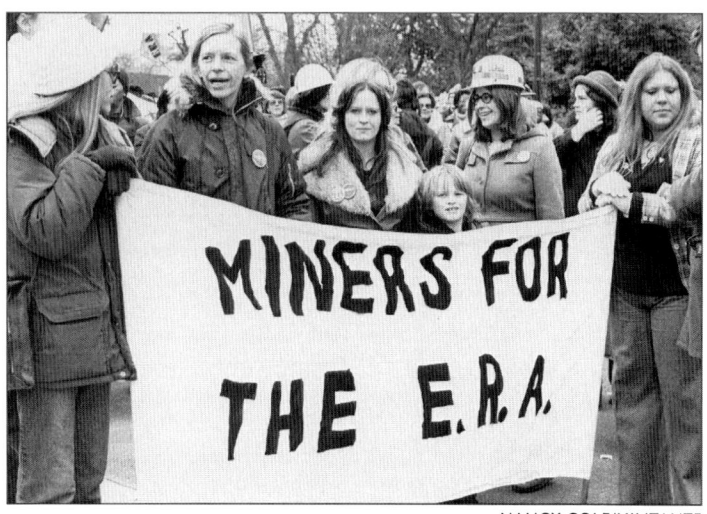

NANCY COLE/MILITANTE

MILITANTE, 31 DE OCTUBRE DE 1978

Arriba: Richmond, Virginia, enero 1980. Contingente del UMWA en marcha de 5 mil personas apoyada por sindicatos a favor de la aprobación de la Enmienda pro Igualdad de Derechos. Con la pancarta: dirigentes del Proyecto de Empleos en las Minas de Carbón, que ayudó a mujeres a obtener trabajos en las minas.

Abajo: Inicio de gira de conferencias para sindicalista sudafricano Drake Koka, quien explicó el papel de los sindicatos en la lucha contra el apartheid. Mineros en Virginia del Oeste, incluidos obreros socialistas, promovieron un evento para Koka.

Experimental (ENA, por sus siglas en inglés), un pacto de no hacer huelgas.

Pero McBride en muchos casos ganó el voto de los obreros más calificados, con más antigüedad y relativamente privilegiados. Es lo que se podría esperar cuando se planteaban cuestiones de clase tan fundamentales.

El segundo factor fue la falta de materiales impresos que abordaran directamente los problemas de los obreros que son negros, chicanos y mujeres. Estoy convencido de que esto perjudicó a Obreros del Acero Resisten.

En los sitios donde hablaron los candidatos de la lista de Sadlowski —y donde obreros negros, chicanos y mujeres fueron y plantearon las preguntas difíciles— los dirigentes de Obreros del Acero Resisten presentaron respuestas bastante buenas. Reivindicaron la igualdad de representación de las minorías y las mujeres en la dirección y en el personal del sindicato. Apoyaron una serie de medidas específicas contra la discriminación en el trabajo y en el sindicato. Dijeron que el poder sindical debe usarse para combatir la discriminación y la segregación en toda la sociedad.

Pero sí perjudicó la campaña la falta de materiales que abordaran directamente estas necesidades, el hecho de que no se puso en el centro de la campaña de Obreros del Acero Resisten este llamamiento a los trabajadores más oprimidos.

Estos estaban convencidos —no solo por los discursos del equipo de Sadlowski, sino por sus propias experiencias— de que si la lista de Sadlowski hubiese ganado, el simple hecho de tener a nuevas personas en los cargos directivos no resolvería nada en el USWA. Solo la movilización y organización de las filas podría lograrlo.

En cierto sentido el desafío más importante que ahora enfrenta la dirección de Obreros del Acero Resisten es su disposición a continuar y organizar, sabiendo que pueden atraer no solo a los cientos de miles que votaron por ellos sino a millones más.

Lo importante es encontrar una manera de continuar con un enfoque nacional. Hasta el 8 de febrero, el enfoque nacional era la votación. Ahora los dirigentes de Obreros del Acero Resisten tienen que encontrar un nuevo enfoque: una publicación, una respuesta a las condiciones en las fábricas, una respuesta a la ofensiva patronal, que seguirá atacando empleos, salarios y condiciones, y acosando a los obreros siderúrgicos combativos.

La tendencia del movimiento es de acercarse a los trabajadores de otras industrias. Hace falta un movimiento de Obreros del Acero Resisten en todos los sindicatos de este país.

Esta lucha por la democracia sindical, y la lucha por los intereses de los trabajadores frente a los patrones, encontrará más receptividad a medida que surjan más y más conflictos. Las condiciones en este país, y la incapacidad de los empleadores de hacer el tipo de concesiones que hicieron en el pasado, harán que millones y millones de trabajadores estadounidenses estén más dispuestos a defenderse.

∼

En Pittsburgh fui a escuchar el último discurso de la campaña de Abel. Él realmente cree que la única salvación del sindicato —y él identifica el sindicato con él mismo y los de su tipo— es hacer causa común con los patrones y confiar en su buena voluntad.

Escuchen su visión del sindicalismo: "Nosotros aportamos y también recibimos. No somos una organización de 'dámelo'. Teníamos una bien merecida fama de ser muy rápidos para salir en huelga.[2] El Acuerdo Experi-

---

2. Abel se refiere a la huelga de 1959 de 450 mil obreros del acero, que

mental de Negociación resolvió eso".

Al parecer, Abel piensa que ocurrieron huelgas porque el sindicato pedía demasiado, opinión que seguramente tomó de los ejecutivos de la industria del acero con los que anda.

En su discurso también quedó claro hasta qué punto el tema de las importaciones extranjeras está asociado con el acuerdo de no hacer huelgas. Así lo expresó: "Las importaciones extranjeras son el mayor peligro para nuestro bienestar y nuestra seguridad nacional. El ENA fue la respuesta a este peligro. El propósito del ENA es estabilizar nuestra industria y proteger nuestros mercados".

Ven cómo Abel se identifica completamente con los intereses de los capitalistas. *Nuestra* industria... *nuestros* mercados... *nuestra* seguridad nacional. Esa es la voz de los *patrones* del acero, no de los *obreros* del acero...

Abel comparte el desdén de los capitalistas hacia los trabajadores. Utilizó su discurso para burlarse de lo que dijo Sadlowski sobre las capacidades intelectuales del pueblo trabajador.

"Esta gente dice que los obreros del acero son capaces de ser médicos, compositores y poetas". Abel lo dijo con un fuerte tono de sarcasmo, como si solo un tonto de remate pudiera pensar algo semejante.

Eso es "irresponsable".

Esa es la mentalidad y el programa de la burocracia: colaboración total con los patrones, "nuestra" industria contra los extranjeros, defensa del sistema capitalista.

La burocracia ha hecho lo posible borrar la idea de que se puede luchar contra los patrones y usar el poder

---

duró 116 días, la mayor movilización en Estados Unidos entre el ascenso de luchas obreras tras la Segunda Guerra Mundial y la renovada lucha en las zonas carboníferas en los años 70.

sindical para derrotarlos.

Obreros del Acero Resisten ha comenzado a cambiar esto. Pero muchos trabajadores aún tienen que aprender, al luchar, que cuando se resiste se puede obtener logros.

Cuando los trabajadores estadounidenses tomen control de sus sindicatos y los utilicen como instrumentos de lucha por *sus* intereses de clase, serán la fuerza más poderosa de la tierra.

Veinticinco lecciones:
El primer año del viraje

Los siguientes son fragmentos mayores de un informe aprobado por los delegados al congreso del Partido Socialista de los Trabajadores celebrado del 5 al 11 de agosto de 1979. La votación fue de 121 a 1. El informe de Jack Barnes se basó en el primer año y medio de experiencias políticas prácticas de una nueva generación de miembros del partido en la clase obrera industrial y sus sindicatos, participando en luchas obreras y sociales de todo tipo.

I.

En nuestra reunión del Comité Nacional en febrero de 1978, votamos a favor de conducir el partido a la industria. Decidimos organizarnos de inmediato para que la gran mayoría de los miembros y dirigentes del Partido Socialista de los Trabajadores entraran a la industria y a los sindicatos industriales para hacer trabajo político como parte de los sectores decisivos de nuestra clase.

Esta decisión se basaba en nuestra evaluación de la economía mundial y de los cambios en la política mundial tras la derrota del imperialismo norteamericano en Vietnam y la recesión mundial de 1974–75. Por primera vez desde fines de los años 40, los cambios económicos y políticos en este país —incluidos los nuevos brotes de combatividad y conciencia de clase entre los trabajadores estadounidenses y el consiguiente aumento en la polarización de clases— crearon una oportunidad para que el PST hiciera trabajo político en los sectores de mayor peso en nuestra clase. Decidimos subordinar todo para poder aprovechar al máximo esa oportunidad.

Al hacer un repaso de cómo ha progresado nuestro viraje a la industria en el último año y medio, y también de los acontecimientos nacionales e internacionales, el Comité Político redactó la resolución política que ahora tienen los delegados a este congreso. En mayo de 1979, el Comité Nacional aprobó la resolución unánimemente y la presentó a las ramas para ser debatida y sometida a votación como base para elegir a los delegados al congreso.[1] Esa resolución evalúa la situación política mundial desde el punto de vista de cómo afecta la política estadounidense y viceversa. Examina la continuidad de nuestro programa y curso político a lo largo de la radicalización de las dos últimas décadas, y las lecciones que hemos aprendido con las experiencias iniciales de nuestras crecientes fracciones industriales.

El partido ya ha tenido varios meses de discusión y de-

---

1. Un fragmento de esa resolución de 1979, "Construir un partido revolucionario de trabajadores socialistas", aparece en *El rostro cambiante de la política en Estados Unidos*, de Jack Barnes.

bate, tanto por escrito en el boletín interno como en las reuniones semanales de las ramas. Una contrarresolución propuesta por varios compañeros, titulada "Contra el viraje obrerista: una crítica y algunas propuestas", también ha sido presentada a nuestros miembros. Hemos tenido una de las más nutridas discusiones precongreso en muchos años, basándonos en la experiencia concreta y práctica del partido en la clase obrera y los sindicatos industriales. En este congreso, los compañeros tendrán más discusión, votarán sobre la línea del partido y elegirán un Comité Nacional para que dirija su implementación.

Para obtener la máxima claridad sobre las principales cuestiones disputadas que están ante los delegados, las reduciremos a 25 puntos que captan la esencia de la trayectoria política del partido.

Vietnam y el declive del imperialismo estadounidense
Uno. La guerra de Vietnam cambió la política estadounidense de arriba abajo. Lo que antes se consideraba imposible —y hasta impensable— *ocurrió.*

Ocurrió de manera prolongada y dolorosa. Dolorosa para la clase dominante, que no lo podía creer. Y dolorosa para la clase trabajadora, que pagó un precio de sangre por la arrogancia de clase de los patrones. Y ocurrió más y más ante los ojos de toda la población norteamericana por televisión. Les ocurrió a los hijos, padres, sobrinos, esposos y vecinos de millones y millones de norteamericanos.

Y de forma lenta pero segura, la clase trabajadora norteamericana conscientemente llegó a ciertas conclusiones. Desde que las tropas estadounidenses fueron retiradas del sudeste de Asia en 1973, la consigna de "¡No más Vietnams!" se ha convertido quizás en la más popular de este país.

Esta desconfianza acerca de la política exterior estadounidense y renuencia de pelear en las guerras de Washington se ha visto reforzada por las llamadas revelaciones de Watergate a principios de los años 70 sobre las escuchas telefónicas y allanamientos por parte de la administración Nixon contra sus opositores políticos capitalistas. Esas revelaciones pusieron al descubierto las operaciones secretas de espionaje y desbaratamiento por parte del FBI y del gobierno bajo administraciones demócratas y republicanas contra el movimiento obrero, opositores a las guerras imperialistas, luchadores por la libertad de los negros y la emancipación de la mujer, y el Partido Comunista, el Partido Socialista de los Trabajadores y otras organizaciones identificadas como comunistas.

Estas operaciones de la policía política recibieron su primer gran impulso durante los años del Nuevo Trato y el Trato Bélico de Franklin Roosevelt.[2] Los ataques culminaron con el enjuiciamiento y encarcelamiento de dirigentes del Partido Socialista de los Trabajadores y del sindicato Teamsters en el Medio Oeste por su campaña en el seno del movimiento obrero para oponerse a los objetivos bélicos imperialistas de Washington y a los congelamientos de salarios, promesas de no hacer huelgas y otras medidas antiobreras de los gobernantes

---

2. Roosevelt, electo cuando la Gran Depresión tocaba fondo, inició en 1933–34 lo que llamó el Nuevo Trato, un paquete de reformas destinado a acorralar y disipar el poderoso ascenso de resistencia obrera que representaba una amenaza para el dominio capitalista. Sin embargo, la promesa del Nuevo Trato de poner fin a la crisis capitalista y reducir el desempleo generalizado solo comenzó a realizarse cuando se convirtió en el Trato Bélico a finales de los años 30 y después con el ingreso de Washington a la Segunda Guerra Mundial imperialista en diciembre de 1941.

capitalistas y sus aliados para maniatar a los sindicatos en nombre de la unidad nacional.³

∼

Dos. El impacto continuo de la derrota de Washington en Vietnam incide directamente en uno de los mayores factores en la política mundial: los crecientes obstáculos que la clase dominante norteamericana enfrenta al tratar de ejercer su poderío militar, de la forma que ha acostumbrado, contra los trabajadores y masas explotadas alrededor del mundo.

En los últimos cinco años nuestra clase ha logrado victorias y avances en Granada; en Nicaragua; en Irán, en Vietnam, Kampuchea y Laos; en Angola y otras ex colonias portuguesas; en Etiopía.⁴ Se ha demostrado una y otra vez la capacidad de las masas trabajadoras en el mundo colonial de recuperarse de derrotas y brutal represión por parte de regímenes sanguinarios, y de batallar y derrocar a sus opresores.

No podríamos haber pedido un ejemplo más inspirador y convincente que el del pueblo de Nicaragua, que —hace un poco más de dos semanas, el 19 de julio, ante la violencia salvaje de la Guardia Nacional del régimen— expulsó de su país al tirano Anastasio Somoza y el somocismo.

El imperialismo norteamericano ha descubierto que los socios menores con los que cuenta —los llamados testa-

---

3. El 8 de diciembre de 1941, 18 dirigentes del Local 544-CIO y del Partido Socialista de los Trabajadores, declarados culpables en una corte federal de "conspiración para abogar por el derrocamiento del gobierno de Estados Unidos", recibieron sentencias que variaban entre 12 y 18 meses de prisión. Fueron las primeras condenas bajo la Ley Smith, la "Ley de la Mordaza", promulgada por Roosevelt en junio de 1940.

4. Ver el glosario: Granada, revolución en; Nicaragua, revolución en; Irán, revolución en; Vietnam; Camboya; Angola; Etiopía, revolución en.

ferros, las figuras reaccionarias como Somoza y el sha de Irán— son cada vez menos capaces de contener la lucha de clases para defender a sus amos imperiales y defenderse ellos mismos.

Hemos visto la creciente preponderancia del proletariado y las masas urbanas semiproletarias en los levantamientos revolucionarios en estos países. Casi el 39 por ciento de la población mundial vivía en zonas urbanas en 1978, comparado con el 31 por ciento hace apenas un cuarto de siglo.[5]

Son los propios avances de las burguesías neocoloniales bajo la tutela del imperialismo, su necesidad de extraer plusvalía, lo que acelera la ruina de las clases productoras del campo y propicia el crecimiento de un proletariado, el cual a su vez se vuelve contra sus creadores. ¡Eso es lo que la burguesía llama ingratitud!

A pesar de estas limitaciones políticas, el imperialismo norteamericano sigue siendo la única potencia militar estratégica del mundo capitalista. Washington sigue aumentando su presupuesto militar y el tamaño y diversidad de su armamento convencional y arsenal nuclear. Ha pospuesto la retirada de sus unidades de combate de Corea del Sur.[6] Ha anunciado nuevas fuerzas de ataque dotadas de armas nucleares. Proliferan en Washington las propuestas de restablecer la inscripción para el servicio militar obligatorio.[7] El gobierno sigue lanzando globos de ensayo

---

5. En 2018, un 55 por ciento de la población mundial vivía en ciudades y pueblos grandes.

6. En 1979, cuando se aprobó este informe, había 39 mil tropas norteamericanas en Corea del Sur. Cuarenta años después, todavía hay 28 500 soldados allí, el tercer mayor despliegue de tropas estadounidenses en el extranjero, después de Japón y Alemania.

7. La conscripción militar en sí, que llegó a provocar una oposición masiva entre los trabajadores y jóvenes durante la guerra de Vietnam, fue

para ver hasta dónde pueden llegar sus agresiones: envía un portaaviones frente a la costa de Indochina; despacha "asesores" y buques de guerra a Yemen y al Golfo Arábigo; se habla de proteger "nuestras" reservas de petróleo en Arabia Saudita. Debajo de todo esto persiste la contradicción fundamental para el imperialismo norteamericano. Debe poder intervenir militarmente por todo el mundo en respuesta a retos revolucionarios al dominio capitalista. Pero para lograr esto, la clase dominante tiene que enfrentarse a la clase trabajadora norteamericana, que ve cada vez menos un claro interés en apoyar las aventuras militares de Washington en el exterior. Esta contradicción influye mucho en la política mundial.[8]

~

Tres. La crisis política de la burguesía norteamericana que limita el uso de su poderío militar ocurre en el marco de la creciente crisis del capitalismo norteamericano y mundial que salió a la superficie a principios de los años 70.

Crisis económica del capitalismo

El sistema capitalista internacional ha entrado en un prolongado período que tiende al estancamiento económico, con estallidos ocasionales de inflación explosiva. Ha que-

---

eliminada en 1973 bajo la administración republicana de Richard Nixon. Sin embargo, en julio de 1980 la administración demócrata de James Carter y el Congreso restablecieron la inscripción para el servicio militar obligatorio para todos los hombres aptos de 19 y 20 años.

8. La evolución de la política militar imperialista de Washington durante el cuarto de siglo después de que se adoptara este informe se detalla en la resolución del PST de 2005, "Su transformación y la nuestra" (no. 6 de la revista *Nueva Internacional*).

dado atrás la extensa expansión económica que caracterizó la mayor parte del cuarto de siglo después de la Segunda Guerra Mundial. Superpuesta al estancamiento económico hay una creciente tendencia de crisis sociales y políticas hasta en los países capitalistas más estables, lo cual desestabiliza las relaciones sociales del capitalismo. Desde luego, el capitalismo norteamericano puede hacer y aún hace concesiones al pueblo trabajador. Puede hacerlas, las ha hecho, y hará más en la medida que avance la lucha de clases. Pero no existen posibilidades de concesiones económicas estables de gran envergadura, como por ejemplo una nueva enorme extensión del seguro social.

En la última década hemos pasado de una inflación constante —que se aceleró al intensificarse la guerra de Vietnam— a la ofensiva antiobrera que el imperialismo norteamericano desató en 1971: el congelamiento de salarios y otras medidas de la administración Nixon para "darles un trancazo a los sindicatos".

Después se produjo la escasez artificial de carne y de petróleo en todo el país en 1973. Se dispararon los precios en las carnicerías. La gente tenía que esperar en colas de muchas cuadras para la gasolina, y cuando llenaban el tanque pagaban un precio más y más alto. Muchos trabajadores tuvieron que pasar buena parte del invierno en una casa o apartamento frío o hasta sin calefacción. La inflación alcanzó cifras de dos dígitos, seguida por la recesión mundial de 1974–75, que provocó la mayor ola de cesantía y ataques al nivel de vida de los trabajadores desde la entrada de Washington a la Segunda Guerra Mundial.[9]

La ofensiva de la clase dominante tiene por objeto debi-

---

9. Ver el glosario: Congelación de salarios y precios (1971); Recesión (1974–75).

litar las principales organizaciones de clase de los trabajadores norteamericanos: nuestros sindicatos. Los patrones pretenden elevar sus tasas de ganancia intensificando la explotación de los trabajadores. Por tanto tienen que atacar los sindicatos industriales. No tienen otra opción.

Esto no quiere decir que el objetivo inmediato de los capitalistas sea destruir o eliminar los sindicatos industriales. Cuando los patrones y su gobierno consideren que tácticamente ya están listos para hacerlo, ustedes no tendrán que enterarse en un congreso del PST o leerlo en una resolución. Pero *en estos momentos* los patrones están tratando sistemáticamente de debilitar, socavar y echar atrás los sindicatos industriales por todos los medios posibles. Quieren ver cuánto les pueden arrebatar, y hasta dónde pueden llegar en sus ataques contra los sectores organizados más poderosos de la clase trabajadora norteamericana.

Esa ha sido la política de la clase dominante norteamericana durante casi una década, y desde 1975 han acelerado la implementación de esa política.

Sin una lucha para transformar los sindicatos industriales en instrumentos revolucionarios de lucha de clases, no hay manera que nuestra clase pueda prevenir los descalabros sociales, las catástrofes, las constantes incertidumbres e inseguridades, la amenaza de guerras imperialistas, que caen con más y más fuerza sobre el pueblo trabajador.

La clase dominante no puede simplemente planear por adelantado lo que hace: cuándo atacar, cuándo retroceder. Ellos no controlan la economía; el capitalismo es un sistema anárquico. Los patrones enfrentan una creciente competencia en Estados Unidos y a nivel internacional, así como más incertidumbres y frecuentemente sus propios crecientes problemas. Por necesidad son pragmáticos; se ven obligados a dar prioridad a decisiones a corto plazo por encima de proyecciones a largo plazo. Las fuerzas económicas y sociales no solo están fuera de *nuestro* control, sino muchas veces también escapan al control de los propios capitalistas, cuyas medidas necesarias ponen estas fuerzas en marcha.

~

Cuatro. Está creciendo la conciencia entre los trabajadores norteamericanos de que el futuro no nos depara buenos tiempos. Este cambio de conciencia no surgió de la noche a la mañana.

Al principio la ofensiva capitalista para arrancar concesiones golpeó con fuerza especial los servicios sociales y a los maestros y otros empleados públicos, de manera más notoria en Nueva York pero también a través de Estados Unidos. La desigualdad racial sigue profundamente arraigada, con millones de jóvenes negros sumidos en un desempleo más prolongado. Y encima de todo esto, en 1974 y 1975 llegó la primera recesión capitalista mundial en 35 años y la primera extensa falta de empleos que han visto los trabajadores de este país desde antes de la Segunda Guerra Mundial.

La recuperación de esta recesión ha sido prolongada, pero ha sido superficial y dispareja, con altos niveles de desempleo que continúan a pesar del aumento general de empleos. La tasa oficial de desocupación durante la recuperación siempre se mantuvo por encima de los niveles de desempleo en los peores momentos de las recesiones de 1948, 1954 y 1970. La inflación ha regresado este año a los dos dígitos, y ha comenzado una nueva recesión.

Crisis de expectativas
¿Cuál es el efecto acumulativo de toda esta situación? Está cambiando las actitudes, expectativas y conciencia de los

trabajadores norteamericanos. Aturdidos al principio por la rapidez y ferocidad de esta arremetida, ahora se encuentran más y más dispuestos a resistir.

La reacción pública a cada nuevo descalabro o crisis capitalista es más escéptica que la anterior. Por ejemplo, con la actual crisis energética, hay menos trabajadores que se creen la propaganda de que "los árabes" son la causa. Más y más culpan a los grandes monopolios del petróleo. Podemos pensar también en otros ejemplos.

Cada globo de ensayo que Washington lanza sobre una posible intervención militar en el exterior, cada amenaza de una nueva guerra, provoca una reacción de disgusto.

La reciente huelga nacional de camioneros independientes, que lucharon por tarifas más altas para cubrir sus elevadísimos costos del diésel, suscitó más simpatía que protestas anteriores. A pesar de que los camioneros no ganaron sus demandas, el apoyo que obtuvieron de trabajadores sindicalizados y no sindicalizados —incluidos muchos miembros de las filas de los Teamsters— obligó a la cúpula sindical de los Teamsters a tomar una posición menos abiertamente hostil que antes. Contrastó con las acciones francamente rompehuelgas que los burócratas tomaron el año pasado —en estrecha colaboración con las empresas de acero y el FBI— contra los camioneros independientes que transportaban carga de acero.[10]

Los obreros ferroviarios en Minnesota tuvieron una idea brillante cuando —durante la campaña que están librando contra la quiebra fraudulenta del Ferrocarril de Milwaukee— sacaron una camiseta y un botón con un lema sencillo: "Investiguen *Milwaukeegate*". Ese bo-

---

10. Ver el glosario: Camioneros independientes.

tón lo están usando en toda la línea del Ferrocarril de Milwaukee como símbolo de desafío a la patronal. No tenían que decir una palabra más a otro trabajador. Con "Milwaukeegate", la palabra sola contaba la historia.[11] A los obreros ferroviarios les encantan esos botones. Los patrones y el gobierno los detestan.

~

Cinco. ¿Por qué está pasando esto? ¿Por qué estamos viendo estos brotes de conciencia de clase? ¿Hay algo más que el simple impacto de la crisis y sus efectos?

Aquí tenemos que examinar los cambios en la estructura y la composición de la clase trabajadora norteamericana, así como las luchas sociales y políticas surgidas al margen del movimiento sindical, que prepararon el camino para las batallas de hoy.

Durante el último cuarto de siglo hemos visto un aumento en las luchas del pueblo negro en este país, que a su vez han dado impulso a las luchas de los chicanos, los puertorriqueños y las mujeres. Estas luchas comenzaron antes del actual inicio de la radicalización obrera, pero están cada vez más entrelazadas.

Las luchas por los derechos civiles y los derechos de la mujer han obrado cambios permanentes en las actitudes sociales y políticas. Han mejorado la correlación de fuerzas de clases, han elevado la confianza de las capas oprimidas de la clase trabajadora y han fomentado la conciencia de toda la clase trabajadora acerca de sus intereses comunes de *clase*, que incluyen la necesidad de combatir la discriminación sexual y racial. Hemos constatado el papel de vanguardia y el peso social de

---

11. Ver el glosario: Milwaukee, Ferrocarril de (Milwaukee Road), y ofensiva de empresas transportistas de carga.

"Los camioneros independientes luchan por una remuneración más alta para cubrir el precio del combustible y otros crecientes costos".

WILLIAM SEAMAN/MINNEAPOLIS STAR

ARNOLD WEISSBERG/MILITANTE

Arriba: Afton, Minnesota, junio 1979. Camioneros independientes en huelga paralizan estaciones de diésel por todo el estado.

Abajo: Obreros de autopartes en Hyatt Roller Bearing en Nueva Jersey se suman a protestas nacionales en 1979 contra alza de precios por los magnates del petróleo.

"Las luchas por los derechos de los negros y la mujer cambiaron actitudes entre los trabajadores. Reforzaron la unidad de la clase obrera y su conciencia de que debe asumir como suyas las luchas contra la discriminación racial y sexual".

MARK SATINOFF/MILITANTE

Arriba: Huelga de colectores de basura en Memphis, Tennessee, 1968. Reflejó la confianza y combatividad de los trabajadores que son negros en la batalla por derrocar el sistema de segregación *Jim Crow* en el Sur.

Abajo: Washington, noviembre 1971. Tres mil personas participaron en la primera marcha nacional por el fin de todas las leyes que limitaban el derecho de la mujer a optar por el aborto.

los trabajadores que son negros en la transformación del movimiento obrero norteamericano.

Cambios en composición de la clase obrera
La composición de la clase trabajadora estadounidense es muy diferente de lo que era hace unas décadas. Solo en los últimos 19 años, el número de mujeres en la fuerza laboral ha aumentado de 33 millones a 42 millones. Desde la época inmediatamente posterior a la Segunda Guerra Mundial, el número de mujeres en la fuerza laboral ha crecido del 31 por ciento en 1948 al 51 por ciento en la actualidad.

En 1973 había solo un puñado de mujeres que trabajaban en las minas subterráneas de carbón, según las cifras del gobierno. Sin embargo, empuñando como arma el Título VII de la Ley de Derechos Civiles de 1964 —una victoria conquistada con esfuerzo y sangre en las batallas por los derechos de los negros en el último cuarto de siglo— las mujeres, entre ellas miembros del Partido Socialista de los Trabajadores, se abrieron paso para entrar en las minas. En septiembre de 1978 había casi 2 mil mujeres que trabajaban en las minas de carbón, y más de 2 500 en la primavera de 1979. Y estas cifras siguen creciendo.[12]

Estos cambios afectan las actitudes políticas y sociales

---

12. En 2019 había más de 76 millones de mujeres en la fuerza laboral, un 57 por ciento de las mujeres adultas. (La tasa de participación de las mujeres alcanzó su mayor índice —más del 60 por ciento— a principios de 2001, y desde entonces ha bajado aproximadamente al nivel que existía a finales de los años 80). Con la fuerte reducción de empleos en las minas de carbón (de 240 mil mineros en 1978 a 39 mil en 2015), el número de mujeres en las minas bajó a un poco más de 1 100 en 2015. A pesar de esta marcada reducción de trabajos en las minas, en 2018 se extrajo más carbón en Estados Unidos que en 1979.

de los trabajadores y la volatilidad de sus reacciones ante la ofensiva antiobrera de los patrones.

La primera prueba importante para los patrones y los trabajadores fue en 1977-78, cuando la clase capitalista y su gobierno dirigieron su fuego contra el Sindicato Unido de Mineros e intentaron asestarle un golpe demoledor a este importante sindicato industrial. Los mineros, que recibieron una amplia solidaridad del movimiento sindical, repelieron a los patrones del carbón y a la administración Carter. Trabajadores por todo el país descubrieron durante la huelga minera que la endeble burocracia no era el sindicato: los mineros combativos eran el sindicato. Podemos señalar muchos otros ejemplos, en tanto la clase gobernante enfila sus ataques más y más contra los obreros y sindicatos industriales, y empuja a este sector decisivo de nuestra clase hacia el centro de la política norteamericana.[13]

Los propios ataques dejan cada vez más claro que, por debajo de todos los acontecimientos políticos, se enfrentan dos clases: nosotros y ellos, los trabajadores y los capitalistas. Al trazar una estrategia exitosa para cualquier capa oprimida de la sociedad o para lograr cualquier objetivo social progresista, es más y más importante comprender el peso social de estos dos contendientes y la correlación de fuerzas entre ellos.

Para el Partido Socialista de los Trabajadores no son imprevistas las principales tendencias que se manifiestan hoy día en la clase trabajadora norteamericana, ante el impacto combinado del afán capitalista de ganancias a nivel mundial, los movimientos de protesta social de los años 60 y 70, y los cambios en la composición de la fuerza laboral. Afrontamos estas nuevas circunstancias con cuadros preparados

---

13. Ver el glosario: Huelga del carbón (1977-78).

por nuestras conquistas políticas y nuestras experiencias políticas prácticas de la última década y media.

∽

Seis. Hay una creciente polarización de clases en Estados Unidos. Los trabajadores y otras personas ven la política norteamericana menos y menos como un simple conflicto entre el bien y el mal, entre distintas opiniones individuales o incluso entre una "derecha" e "izquierda" abstracta y ajena a las fuerzas de clase reales.

"La historia de todas las sociedades existentes hasta nuestros días es la historia de la lucha de clases", afirmaron Marx y Engels al comienzo del Manifiesto Comunista. Ese es el punto de partida del marxismo, del materialismo histórico y del comunismo. Toda la política refleja la lucha de clase contra clase.

Clase contra clase

La creciente conciencia sobre estos hechos fundamentales de la política muestra el camino para resolver los problemas de los explotados y oprimidos. Hoy día lo comprende un número relativamente reducido de trabajadores, pero muchos más lo comprenderán con el tiempo. Ese camino apunta a la movilización de los trabajadores y nuestros aliados para luchar por un gobierno de trabajadores y agricultores que pueda emprender la tarea de construir una sociedad que verdaderamente beneficie a la humanidad.

Movimientos sociales como los movimientos negro y chicano, el movimiento por la liberación de la mujer y otras luchas sociales progresistas se desarrollan según su propia dinámica, influida por la lucha de clases y la correlación de fuerzas de clase más amplia. Su dinámica no puede reducirse a las leyes de la lucha entre el capital y el trabajo, y mucho menos a las leyes que rigen la lucha para forjar un ala izquierda con perspectiva de lucha de clases en los sindicatos.

Estos movimientos sociales marchan a su propio paso y ritmo y no pueden ser sometidos a los esquemas ideados por los estalinistas, socialdemócratas y sectarios de todo tipo. Para construir un partido obrero revolucionario, es decisivo comprender la dinámica específica cada una de estas luchas, participar en ellas, seguir su curso de desarrollo y reivindicar sus demandas.

Pero como acabo de señalar, estos movimientos sociales *no* son independientes de la correlación de fuerzas establecida en el desarrollo de la lucha de clases, ni del estado de confianza, conciencia de clase y politización de la vanguardia de la clase trabajadora.

Al contrario, la lucha de clases define el marco político en el cual operan todos los movimientos sociales. Determina la forma de su desarrollo y las posibilidades de su éxito o fracaso. Al mismo tiempo, la propia lucha de clases está definida en parte por el curso y desenlace de estos movimientos sociales. Por eso recalcamos la interacción e interdependencia de las luchas de los oprimidos y el movimiento obrero.

~

Siete. Al ahondarse esta polarización de clases, le sigue una polarización política. La clase dominante tiene que *propagandizar* para tratar de socavar los amplios sentimientos antibélicos que existen entre el pueblo trabajador. Tiene que *propagandizar* para justificar sus intentos de quitar logros anteriores y arremeter contra la clase trabajadora y los sindicatos, los negros, las mujeres, los discapacitados, los jóvenes rebeldes y otros. Trata de *encubrir* su responsabilidad por las catástrofes y los descalabros, culpando a los árabes, las "importaciones extranjeras", los sindicatos "revoltosos", los "abusadores de la asistencia pública" y otros chivos expiatorios.

Presiones sobre radicales pequeñoburgueses
Esta campaña sistemática de propaganda crea tremendas presiones sobre la "intelectualidad" pequeñoburguesa, entre ellos los radicales. Ejemplo de esto es la condena casi unánime, entre estos círculos, de la intervención vietnamita en Kampuchea (Camboya) para sacar del poder al régimen asesino de Pol Pot, y el colapso político de estos elementos (al estilo de Joan Báez) ante la campaña de Washington para aislar y castigar a Vietnam con el pretexto del éxodo de "la gente de los botes" tras la victoria y la expropiación de la propiedad capitalista en ese país desde la reunificación en 1975.

Otro ejemplo: la declaración reciente de Paul Sweezy —fundador y director desde hace décadas de la revista "socialista independiente" *Monthly Review*— ante un público de mil personas en Nueva York de que, a la luz de las guerras entre Vietnam, Kampuchea y China este año, el marxismo ya no ofrece una explicación adecuada de las actuales sociedades "post-capitalistas".[14]

Estos fenómenos son síntomas de las presiones ideológicas que emanan de la clase gobernante. Los intelectuales de clase media, al unísono con los medios de comunicación capitalistas, la denominan "una crisis del marxismo". En realidad es una crisis para todos los que buscan respuestas a los grandes problemas prácticos y teóricos de la humanidad sin tomar como punto de partida los intereses de la clase trabajadora internacional.

No es una "crisis del marxismo". Es una crisis de la política pequeñoburguesa.

---

14. Ver el glosario: Vietnam; Camboya.

La desorientación política entre estos círculos es diferente del impacto de la crisis capitalista sobre otras capas sociales pequeñoburguesas, especialmente los sectores explotados que son los aliados potenciales más decisivos de la clase trabajadora, tales como los pequeños agricultores, los artesanos, los choferes dueños de sus camiones y los pequeños propietarios. Las crecientes luchas de la clase trabajadora contra los grandes empresarios y sus partidos políticos dividirán a la pequeña burguesía y atraerán a sectores enteros al lado de los trabajadores y oprimidos. Esto sucederá cuando vean a los grandes batallones del movimiento obrero norteamericano entrar en acción, dando respuestas decisivas a la crisis capitalista, luchando por los intereses de todo el pueblo trabajador: un programa obrero.

Hasta que el movimiento sindical norteamericano empiece a impulsar un programa de lucha capaz de atraer a sus aliados en grandes números, esta crisis de perspectivas entre la intelectualidad e izquierda pequeñoburguesa continuará profundizándose. Entre menos vínculos tengan con la clase trabajadora y sus instituciones básicas, más susceptibles serán al ensimismamiento, a conceptos místicos reaccionarios y a la presión de subordinar todo a su propio "éxito".

∼

Ocho. Estos siete puntos iniciales nos llevan a una sencilla y obligatoria conclusión política y organizativa para los trabajadores comunistas: integrar *hoy* a la gran mayoría de nuestros miembros y dirigentes a la industria, tanto *aquí* como *en el resto del mundo*. Es la única manera en que podremos afectar y ser afectados por estos cambios políticos importantes.

Independientemente de su ritmo, los cambios que describimos aquí dejarán su huella en el resto del siglo XX y el inicio del XXI. Solo al realizar este viraje político hacia la clase trabajadora y los sindicatos industriales, podremos asumir nuestras responsabilidades políticas y aprovechar las oportunidades que sabemos que llegarán.

Es así como vamos a desarrollar un liderazgo probado, capaz de reagruparse con corrientes revolucionarias en el movimiento obrero, lo cual tendremos que hacer si hemos de construir partidos proletarios de masas capaces de dirigir a los trabajadores al poder, y también construir una internacional revolucionaria. Al principio, estas corrientes se verán atraídas a nosotros, no porque sepan algo de nuestra continuidad programática con los bolcheviques. Lo harán por la fuerza atractiva de crecientes partidos de trabajadores socialistas que se han probado como dirigentes en combates de clases y han demostrado *en la acción* la capacidad de ganar victorias en interés del pueblo trabajador.

A medida que la crisis del capitalismo lleve al pueblo trabajador a resistir, surgirán otras corrientes revolucionarias, tanto en el mundo semicolonial como en el movimiento sindical y entre los trabajadores y los oprimidos en los países capitalistas avanzados. Debemos ser capaces de llegar a estos luchadores, establecer lazos con ellos y ganarlos a la perspectiva por la que luchó Lenin. A la trayectoria por la que siempre ha luchado el Partido Socialista de los Trabajadores. Solo un partido de obreros industriales puede tener esa fuerza atractiva.

II.

¿Cómo nos permite el viraje a la industria impulsar nuestros objetivos programáticos y estratégicos de transformar el movimiento sindical en un instrumento de lucha de clases, de construir un partido proletario revolucionario, y de conducir a la clase trabajadora y a los oprimidos a establecer un gobierno de trabajadores y agricultores? Los próximos ocho puntos tratan esa cuestión.

~

Nueve. ¿Qué objetivo perseguimos en los sindicatos? Sencillamente, como explicó Trotsky en "Los sindicatos en la época de la decadencia imperialista", nuestro objetivo es transformar los sindicatos norteamericanos en "instrumentos del movimiento revolucionario del proletariado".[15] Lo que hacemos va dirigido a avanzar hacia sindicatos que puedan convertirse en organizaciones revolucionarias de combate de masas para la clase trabajadora norteamericana. En este proceso forjaremos el instrumento *político* imprescindible de nuestra clase: un partido proletario de masas.

Lucha por transformar los sindicatos
Nuestro punto de partida no se limita a las funciones económicas de los sindicatos, por fundamentales y vitales que estas sean. Así es cómo los maldirigentes del movimiento sindical, con su perspectiva de colaboración de clases, quieren que los trabajadores vean sus sindicatos, *en el mejor de los casos*. Al promover ese concepto estrecho, los burócratas debilitan progresivamente la capacidad de los sindicatos de defender los intereses económicos de sus miembros y de organizar a los no sindicalizados.

Nuestro punto de partida es el carácter social y la vida política que rodea y domina todo lo que hacen los sindicatos, incluidos los avances que logren en la lucha por

---

15. Un borrador de artículo fue encontrado en el escritorio de Trotsky después de que fuera asesinado por un agente de Stalin en agosto de 1940. Se reproduce en *Los tribunos del pueblo y los sindicatos*.

salarios, horas y condiciones de trabajo. Trazamos nuestra concepción estratégica y juzgamos nuestras tácticas en el movimiento sindical orientándonos hacia el liderazgo con perspectiva de lucha de clases que puede surgir y surgirá de las filas. Ahí radica el futuro de los sindicatos.

No partimos de la apariencia actual de los sindicatos, ni de cómo eran hace unos años. Trazamos nuestra perspectiva a la luz de cómo los sindicatos van cambiando, de lo que están llegando a ser, de lo que *deben* llegar a ser para poder luchar y vencer. No damos garantías de cuántos sindicatos serán transformados en instrumentos revolucionarios de lucha. No somos profetas sino revolucionarios que nos dedicamos a orientar los acontecimientos hacia una unidad más fuerte de la clase trabajadora en lucha.

De una cosa sí estamos seguros. La victoria socialista es inconcebible sin la *lucha* por transformar los sindicatos en instrumentos revolucionarios. Y la construcción de un partido obrero revolucionario es imposible sin participar en esa lucha.

Al desarrollarse las batallas de clases, se producirán cambios de gran alcance en fábricas y barrios obreros que traspasarán cualquier forma organizativa que existe hoy, cambios que no podemos prever o imaginar. Algunas organizaciones quedarán destruidas; otras se verán transformadas y se revolucionarán.

Lo decisivo para forjar una dirección proletaria revolucionaria es la lucha en sí.

∽

Diez. Entonces, ¿qué debemos hacer para acercarnos a esta meta de transformar los sindicatos? ¿Qué contraponemos a la perspectiva colaboracionista de clases de la enquistada burocracia sindical, la cual frena y socava la fuerza del movimiento obrero norteamericano? Frente a este colaboracionismo de clases —la biblia de la actual cúpula sindical— los trabajadores socialistas explicamos la necesidad de forjar *un ala izquierda en los sindicatos con perspectiva de lucha de clases*, y desarrollamos el programa y nos dedicamos a captar y educar a los cuadros iniciales de esta ala izquierda.

Nuestras pautas programáticas elementales para esta tarea son sencillas. Las resumimos a menudo de la siguiente manera:

- Luchamos por la *democracia sindical* en todas sus formas, para que la fuerza de los trabajadores se haga sentir.
- Luchamos por la *solidaridad* con otros trabajadores —tanto organizados como no organizados— y con las luchas de todos los oprimidos y explotados, aquí y en todo el mundo.
- Luchamos por la *independencia política* frente al estado capitalista y sus instrumentos. Esto incluye el sistema bipartidista de la burguesía (y los ocasionales "terceros partidos" que este sistema inevitablemente produce).

Nuestras fracciones sindicales industriales están aprendiendo a combinar tres cosas para promover estas metas programáticas:

1. La propaganda socialista: presentar nuestro programa al hablar de política con los compañeros de trabajo; la venta del *Militante* y de libros sobre la historia y política obrera; y las campañas electorales del PST, foros y clases.

2. Organizar y promover luchas — e involucrar en ellas a nuestros compañeros de trabajo y sindicatos, y al movimiento obrero y a trabajadores en general— sobre cuestiones sociales y políticas: desde defender clínicas de la mujer que brindan servicios de abortos y planificación familiar,

"Los trabajadores socialistas involucran a otros en actividades solidarias con las revoluciones en Nicaragua, Granada y Cuba, contra el apartheid en Sudáfrica y en defensa de los revolucionarios presos en Irán".

Arriba: El *Militante* del 7 de septiembre de 1979 respalda campaña mundial por libertad de 12 miembros del Partido Socialista de los Trabajadores (HKS) de Irán sentenciados a muerte y otros dos condenados a cadena perpetua, en provincia petrolífera de Juzistán. Su "crimen" era popularizar las perspectivas socialistas entre obreros petroleros, del acero y en comunidades oprimidas. En abril de 1980 la campaña internacional logró la libertad de los 14.

Izquierda: Fatima Fallahi y Mahsa Hashemi salen de prisión.

"Ante el despiadado afán de lucro de los capitalistas, escribieron Marx y Engels en 1847, los trabajadores 'actúan en común para defender sus salarios' y las **condiciones de trabajo.** Inevitablemente 'comienzan **a formar combinaciones (sindicatos)'** contra la clase patronal".

Obreros de la costura en San Francisco exigen pago de salarios adeudados, octubre 1992.

VED DOOKHUN/MILITANTE

hasta apoyar la Enmienda Pro Igualdad de Derechos para la mujer (ERA).[16] Desde exigir el arresto de los policías responsables de ataques brutales y muertes de trabajadores, hasta movilizar a trabajadores y jóvenes contra grupos derechistas que intentan bloquear la desegregación de escuelas y viviendas. Desde la solidaridad con las revoluciones en Nicaragua, Granada y Cuba, hasta el apoyo a la lucha contra el régimen supremacista blanco en Sudáfrica y la defensa de los revolucionarios presos en Irán bajo cargos amañados.

3. Participar en las luchas en torno a salarios, condiciones de trabajo, ritmo de producción y seguridad y salud que brotan constantemente en el trabajo y que aumentarán a medida que los patrones intensifiquen su ofensiva antiobrera.

Una periferia en el trabajo, en los sindicatos

No podemos pensar que nuestro trabajo en los sindicatos consiste únicamente en preparativos para un ala izquierda con perspectiva de lucha de clases —que aún no tiene forma organizativa— y que en ese proceso vamos a reclutar a trabajadores directamente al partido. Eso simplifica demasiado las cosas. Porque cuando seguimos este curso, algo más empieza a ocurrir, algo que será una medida importante del progreso de nuestras fracciones industriales. Empieza a crecer nuestra periferia en el trabajo y en el movimiento sindical.

El partido atraerá a algunos trabajadores: primero decenas, después centenares, más tarde miles. Posiblemente no se incorporen al partido inmediatamente. Pero seguirán nuestra prensa, leerán libros de dirigentes del partido, nos acompañarán a una conferencia o manifestación, nos presentarán a sus amigos y familiares, apoyarán nuestras campañas electorales, participarán en algunos de nuestros foros, se verán influenciados por nuestros miembros y se

---

16. Ver el glosario: Enmienda Pro Igualdad de Derechos.

familiarizarán más con nuestras ideas. Verán al PST como un polo político definido y alternativo. Empezarán a asimilar elementos de nuestro programa marxista.

Nuestra capacidad de atraer en torno nuestro a estos trabajadores será un ingrediente esencial para el proceso de forjar un ala izquierda con perspectiva de lucha de clases como también para la construcción del partido. Es una conquista vital del pequeño pero creciente número de lectores y suscriptores constantes del *Militante* que nuestras fracciones están desarrollando entre sus compañeros de trabajo. Esto no tiene nada de nuevo en el movimiento obrero revolucionario. Así ha sido desde que la burguesía industrial inglesa trató de aplastar el ánimo de aquellos que había convertido a la fuerza en los primeros proletarios. Siempre han existido capas de trabajadores que han resistido, que se han inclinado a luchar por sus intereses de clase por todos los medios necesarios, hacia la acción revolucionaria, y hacia un programa que los ayudara a avanzar.

Eso es lo que realmente es el marxismo, según lo explicaron Marx y Engels desde el inicio del movimiento comunista. No es un conjunto de ideas. Es simplemente la generalización de las lecciones de nuestras victorias y derrotas. Expresa los intereses de nuestra clase: las ideas que los trabajadores de vanguardia están buscando, el programa que necesitan para vencer.[17] Queremos atraer a esos rebeldes en las fábricas y las minas, queremos involucrarlos en *acciones obreras*, y reclutar a los mejores al PST.

∼

Once. ¿Cómo será un ala izquierda con perspectiva de lucha de clases? ¿Tenemos algún modelo que nos sirva de

---

17. Ver el último capítulo de este libro, "El comunismo no es una doctrina sino un movimiento".

guía? A menudo me han hecho esa pregunta. La respuesta honesta es que no lo sabemos. No tenemos un adelanto de la forma que probablemente tome un ala izquierda con perspectiva de lucha de clases en el movimiento obrero norteamericano.

Sí sabemos que crecen las perspectivas cuando surgen militantes en luchas específicas en torno a la democracia sindical y la solidaridad de clase. Sabemos que es casi seguro que el proceso estará interconectado con reñidas batallas de clases en las cuales se ganará la dirección de ciertas estructuras sindicales: comités, locales, distritos. Pero no podemos prever el proceso y no tiene sentido especular al respecto.

Lecciones para leer, estudiar, asimilar
Sin embargo, hay un ejemplo muy instructivo en la historia del movimiento sindical norteamericano donde se dieron pasos importantes hacia un ala izquierda con perspectiva de lucha de clases y el desarrollo de una dirección sindical revolucionaria. Se trata de la dirección de lo que llegó a ser el Local 544 del sindicato Teamsters en Minneapolis en los años 30, y la campaña de sindicalización que ese local encabezó en el Medio Oeste. Esta experiencia nos da una gran ventaja, ya que nuestro partido dirigió el Local 544. Uno de sus dirigentes centrales —Farrell Dobbs— escribió un relato detallado de lo sucedido y sus lecciones que nosotros y otros trabajadores de vanguardia podemos leer, estudiar y asimilar.

Esos cuatro libros —*Rebelión Teamster, Poder Teamster, Política Teamster* y *Burocracia Teamster*— valen la pena leer, releer y repasarlos cada año. Entre más compañeros trabajen en la industria, empiecen a conocer los sindicatos y empiecen a actuar como parte de fracciones industriales del partido, más aprenderemos de esos libros cada vez que volvamos a leerlos. Siempre encontraremos algo nuevo y más valioso de lo que recordábamos.

De todos los períodos de trabajo sindical importante de nuestro partido, este es el más valioso para nosotros en la actualidad. Más que el período justo antes de la intervención del imperialismo norteamericano en la Segunda Guerra Mundial. Aunque el partido en esos años, de 1939 a 1941, había hecho un viraje proletario, teníamos que actuar bajo restricciones muy severas y con mucha cautela debido a las medidas que Washington estaba tomando contra los sindicalistas combativos, cuando la administración del presidente Franklin Roosevelt se preparaba para arrastrar a las clases trabajadoras de Estados Unidos a la matanza imperialista en defensa de los intereses de su clase acaudalada. El enjuiciamiento y la condena de nuestros compañeros dirigentes por un tribunal federal en 1941, con la cooperación de la cúpula nacional de los Teamsters, ocurrió en ese período.[18] En consecuencia, todo nuestro trabajo sindical en esos años se caracterizó por un funcionamiento distinto de lo que el partido enfrenta hoy.

La experiencia de los Teamsters a mediados de los años 30 también es más directamente pertinente hoy que la actividad sindical del partido después del breve período de ascenso obrero de la posguerra. Nuestras fracciones sindicales desde mediados de 1947 hasta principios de los 50 —en las industrias marítima, automotriz y del acero, entre otras— hicieron un trabajo valioso. Pero las condiciones en esos años eran muy diferentes de las actuales. El movimiento obrero norteamericano estaba en reflujo, a pesar de luchas esporádicas.

Cuando la clase gobernante norteamericana llevó a cabo la Guerra Fría y la caza de brujas, tuvimos que dedicar

---

18. Ver el glosario: Juicio por la Ley Smith (1941).

mucho esfuerzo a maniobras tácticas para ganar tiempo y frenar los intentos de expulsar de los sindicatos a los militantes con perspectiva de lucha de clases. A veces en las elecciones sindicales apoyábamos a uno u otro candidato o caucus sindical que representaba el menor de los males, solo para abrirnos espacio para funcionar. Intentamos mantener a un pequeño grupo de cuadros del partido en los sindicatos en preparación para un posible ascenso, que al final no se produjo hasta dos décadas más tarde.

Las experiencias de los Teamsters entre 1934 y 1938 ocurrieron durante años de profunda crisis capitalista y creciente combatividad y radicalización obrera. Toda una generación de trabajadores de filas empezaba a buscar una alternativa. En 1934 ya se vislumbraba un masivo ascenso del movimiento obrero: no importaba si iba a ocurrir ese año, o un año más tarde, o tres años o cinco años después. Había un creciente deseo y posibilidad de luchar.

Este es el período —su ascenso y descenso— que Farrell Dobbs detalla en los cuatro libros sobre los Teamsters.

La rama del partido en Minneapolis colonizó conscientemente la industria del camionaje. Farrell explica que los dirigentes del partido consideraron muy cuidadosamente esta cuestión. Dado el peso de la agricultura y la molinería de granos en esa zona, llegaron a la conclusión de que el transporte por camión era la industria decisiva en Minneapolis. Afortunadamente, nuestros miembros lograron obtener empleo en este sector y organizar una fracción industrial del partido. Eso fue lo que hicimos.

Los dirigentes de la rama en Minneapolis estaban buscando a trabajadores jóvenes que comenzaban a radicalizarse, que estaban dispuestos a luchar. Estaban abiertos a la posibilidad de que hasta un joven trabajador que hubiera votado por Herbert Hoover en noviembre de 1932 pudiera ser dirigente de combativas luchas obreras apenas un año más tarde. Eso pasó con Farrell Dobbs. Votó por el Partido Republicano poco más de un año antes de que ayudara a dirigir algunas de las más grandes batallas en la historia del movimiento obrero en Estados Unidos.

Los socialistas en Minneapolis comprendían y valoraban lo que muchos otros consideraban obstáculos: por ejemplo, la inexperiencia y frescura de los trabajadores jóvenes. Como señala Farrell, eso significaba que las filas no tenían que desaprender tanto. No les habían lavado el cerebro para que creyeran que un sector de la burocracia sindical era más combativo y "progresista" que ellos.

Una vez entraron en acción, estos trabajadores jóvenes aprendieron muy rápidamente. Es cierto que hizo falta una serie de golpes por parte de los patrones antes de que acudieran a su sindicato, y otros golpes más antes de que buscaran más allá de sus dirigentes sindicales iniciales.

Ninguno de los cuadros de nuestro partido en Minneapolis comenzó como dirigente electo del Local 574 (posteriormente el Local 544). Ni uno solo tenía cargo oficial en el sindicato durante la huelga de los depósitos de carbón a principios de 1934 y la primera de las grandes batallas huelguísticas unos meses después.

Con la autorización de los funcionarios de los Teamsters, empezamos nuestra actividad colaborando con otros militantes de filas para organizar un comité de huelga no oficial. Fue solo después de la segunda huelga, en el verano de 1934, que las filas del sindicato exigieron que los dirigentes probados en esas batallas fueran electos a los máximos cargos del sindicato.

Los trabajadores se toparon con muchos ex funcionarios que se interpusieron en su camino. Pero también encontraron a un par de funcionarios —uno de ellos fue Bill Brown— que cambiaron gracias a esas experiencias, que se pasaron al lado de la lucha y ayudaron a dirigirla.

Como explica Farrell, no encontramos y nunca hubiéramos encontrado a Bill Brown intentando buscarlo a *él*. Más bien, al organizar y movilizar a las *filas*, nos topamos con Bill Brown en el camino.

Una vez que se puso en marcha, este nuevo liderazgo en los Teamsters aplicó la política de lucha de clases de la que hemos estado hablando. Fue el sindicato más democrático en la historia de Estados Unidos, controlado por las filas. Se solidarizó con los desempleados, los no sindicalizados, los choferes-dueños independientes de camiones, muchos sindicatos locales y pequeños agricultores en el área de Minneapolis y St. Paul. Los Teamsters actuaron comprendiendo que la solidaridad era no solo un elemento esencial para la lucha general, sino la única manera de defender y fortalecer su propio sindicato.

Desde el comienzo, estos dirigentes sindicales revolucionarios trazaron un rumbo hacia el desarrollo de un partido obrero. No esperaron a que se formara un ala izquierda con perspectiva de lucha de clases para promover ese camino. La existencia en Minnesota del Partido de los Agricultores y Trabajadores (Farmer-Labor Party, FLP), y las ilusiones que muchos trabajadores tenían en él, planteaba de forma más clara y directa que en cualquier otra parte de Estados Unidos la necesidad de un partido obrero basado en los sindicatos, independiente del estado y de los partidos políticos de los patrones. Nuestros cuadros en la dirección del Local 544 se orientaron a la tarea de convencer a las filas del FLP de un programa de lucha de clases.

Los dirigentes del Local 544 movilizaron a las filas para recurrir al poder del sindicato. Sus miembros usaron todo tipo de tácticas de flanqueo y matices tácticos con los cuales los compañeros hoy están empezando a familiarizarse. Estos dirigentes de los Teamsters combatieron políticamente los casos fabricados del gobierno contra militantes

"Hay un ejemplo en la historia obrera de EEUU de pasos hacia la creación de un ala izquierda de lucha de clases. Es el Local 544 de los Teamsters de Minneapolis y la campaña de sindicalización en el Medio Oeste en los años 30".

SOCIEDAD HISTÓRICA DE MINNESOTA

En reñidas huelgas, los trabajadores del camionaje convirtieron Minneapolis en baluarte sindical. **Arriba:** Mayo 1934. Piquetes de masas fueron clave de la victoria, bloqueando circulación de camiones en el mercado.

Abajo izquierda: Dirigentes de la huelga de los Teamsters (desde la izq.): Bill Brown, Farrell Dobbs y Carl Skoglund. Dobbs, dirigente central de estas batallas, fue secretario nacional del Partido Socialista de los Trabajadores de 1953 a 1972.

Abajo derecha: Periódico de los Teamsters, 22 de agosto de 1934: "¡Victoria! ¡Se logra convenio!"

OMAHA WORLD-HERALD

CARLO/NORTHWEST ORGANIZER, 14 DE ABRIL DE 1938

Arriba: Omaha, Nebraska, junio 1937. Huelguistas celebran tras ganar un contrato sindical con la Arrow Motors Freight. La victoria fue parte de la campaña, dirigida por los Teamsters de Minneapolis, que en pocos años sindicalizó a un cuarto de millón de choferes de larga distancia en 11 estados.

Abajo: El *Northwest Organizer* informa, en abril de 1938, sobre resolución contra la campaña bélica de Washington, adoptada por sindicatos en Minneapolis que representaban a 50 mil trabajadores. Los dirigentes del Local 544 movilizaron la oposición sindical a los objetivos del imperialismo norteamericano.

sindicales y movilizaron la oposición entre el movimiento obrero a la inminente guerra imperialista.

Al hacer todo esto, estos dirigentes sindicales revolucionarios aglutinaron no solo el núcleo de un ala izquierda con perspectiva de lucha de clases y un creciente entorno de cuadros sindicales. También desarrollaron una periferia de trabajadores que leían más o menos regularmente nuestra prensa y absorbían cada vez más nuestro programa obrero. Los cuadros del partido en la campaña para sindicalizar a los choferes de larga distancia, iniciada unos años más tarde, reclutaron a nuevos miembros desde Dallas hasta Cincinnati, Oklahoma City, Louisville y Detroit: núcleos de camioneros y otros trabajadores que eran miembros de nuestro partido.

Los trabajadores conscientes descubrieron la necesidad de un partido revolucionario en situaciones de combate: el centralismo revolucionario, la homogeneidad política, la democracia interna y una firme composición proletaria.

Por lo tanto, si bien no existe un modelo de un ala izquierda con perspectiva de lucha de clases en el movimiento sindical nacional, por lo menos tenemos la suerte de haber tenido una experiencia en la cual dirigentes del movimiento comunista aplicaron nuestro programa y nuestros métodos de manera consecuente durante una época de crecientes luchas obreras.

No obstante, como advierte Farrell en la serie sobre los Teamsters, aquí tampoco encontraremos una guía táctica. Los libros proyectan un marco estratégico y ofrecen un testimonio concreto de valiosas experiencias de lucha de clases que pueden tener semejanzas con algunas situaciones que enfrentaremos. Pero no vamos a derivar ni una sola formula táctica de estos libros, ni de *ningún* libro. Esas decisiones las van a elaborar los miembros del partido y compañeros de trabajo que estén involucrados en una situación determinada y a partir de las condiciones que ellos enfrenten.

∽

Doce. La creciente crisis del capitalismo subraya más y más la importancia del método del documento que a menudo llamamos el Programa de Transición. Es uno de nuestros documentos programáticos más fundamentales.[19] En momentos cuando el capitalismo mundial lanzaba a la humanidad a la segunda matanza imperialista mundial, Trotsky señaló el obstáculo fundamental al avance de la revolución socialista bajo esas condiciones, que él describió como "un período prerrevolucionario de agitación, propaganda y organización": muy diferente de la situación que hoy día enfrentan la clase trabajadora y nuestros aliados en Estados Unidos y en gran parte del mundo.

El programa del PST de 1938 no es un manual de tácticas que flota por encima del tiempo y de las condiciones objetivas. Define el marco estratégico para el trabajo político comunista. Ante todo, debemos asimilar y ser capaces de aplicar su método al responder a los nuevos acontecimientos que surgen continuamente, a las nuevas combinaciones de circunstancias que nadie puede prever.

---

19. El partido en Estados Unidos que hoy lleva el nombre Partido Socialista de los Trabajadores se fundó en 1919 como Partido Comunista y celebró su centenario cuando este libro se publicó. Ese año se fundó la Internacional Comunista, dirigida por V.I. Lenin y el Partido Bolchevique en la Unión Soviética. Basándose en el programa y la estrategia de esa organización mundial, León Trotsky colaboró con la dirección del Partido Socialista de los Trabajadores en 1938, en vísperas de la Segunda Guerra Mundial, para redactar lo que llegó a ser el documento programático básico del PST y el programa de la Cuarta Internacional, el movimiento mundial que el PST ayudó a dirigir en aquel entonces. Aparece en el libro *The Transitional Program for Socialist Revolution* (El programa de transición para la revolución socialista; Pathfinder, 1977).

Primero, explicó Trotsky, los revolucionarios actúan de manera de dar a los trabajadores y oprimidos más confianza en sí mismos y en su capacidad de luchar; de inspirar y convencer a las masas trabajadoras de que sí pueden afectar la política y cambiar el mundo. Es lo opuesto de lo que todas las instituciones de la sociedad capitalista han enseñado a los trabajadores acerca de nosotros mismos.

Buscamos convencer a nuestra clase de que podemos transformar la sociedad luchando juntos, intransigentemente y con inteligencia y seriedad. Buscamos convencer a los trabajadores en el transcurso de las luchas cotidianas de que existe una forma de emanciparnos a nosotros mismos y a todos nuestros aliados, y que solo nuestra clase puede lograrlo.

Como dijo Trotsky hacia el final del Programa de Transición, "Buenos son los métodos que elevan la conciencia de clase de los trabajadores, su confianza en sus propias fuerzas, su disposición a la abnegación en la lucha.

"Los métodos inadmisibles", dijo, "son los que infunden temor y sumisión entre los oprimidos frente a sus opresores, los que aplastan el espíritu de protesta e indignación o que sustituyen la voluntad de las masas con la voluntad de los jefes; el convencimiento con la coacción; un análisis de la realidad con la demagogia y la falsificación".[20]

Este espíritu de combativa independencia de clase culminará con la creación y confederación de lo que en Rusia se llamaban soviets, que significa "consejos" en ruso. Es decir, organizaciones obreras de masas que conducirán la lucha por el poder y, después de la victoria, serán la base organizativa para comenzar la reconstrucción socialista de la sociedad.

---

20. Trotsky, *The Transitional Program*, p. 192 [impresión de 2019].

Segundo, actuamos como trabajadores-revolucionarios. Como explicó Trotsky en el libro *En defensa del marxismo* y James P. Cannon en *La lucha por un partido proletario*, los trabajadores están sujetos a la presión de las condiciones reales de la vida. Sabemos hasta los tuétanos que vivimos en un mundo imperfecto, un mundo que anhelamos mejorar y cambiar. Valoramos cada avance. Luchamos por mantener cada pulgada de terreno conquistado. No comenzamos con planes preconcebidos. No tratamos de ver si la realidad concuerda o no con un determinado modelo y, de no ser así, nos retiramos para esperar un día mejor. Los trabajadores empezamos desde los actuales puntos donde podemos apoyarnos y tratamos de avanzar a partir de ahí, usando las armas que tenemos a mano. El propósito de nuestro curso de acción es construir puentes entre los problemas que los trabajadores enfrentan —y su actual entendimiento de estos problemas— y las soluciones socialistas más amplias.

Esto nos lleva al tercer pilar esencial del programa de 1938, y su punto de partida. El objetivo es cambiar la conciencia de los trabajadores a través de las experiencias y luchas en las que participamos. Comenzamos con la situación económica y política *objetiva*: las necesidades de la clase y las crecientes contradicciones del sistema capitalista a nivel mundial, no con la conciencia de la mayoría de los trabajadores en un momento dado.

La función del programa, dijo Trotsky en discusiones con dirigentes del Partido Socialista de los Trabajadores, es "encontrar los eslabones vinculantes y conducir a las masas" desde luchas por las demandas democráticas e inmediatas más elementales, incluyendo reivindicaciones sindicales, hasta una perspectiva de "la conquista revolucionaria del poder". Nuestro deber es "cerrar esta brecha entre los factores objetivos y subjetivos lo más posible", dijo.[21]

Los trabajadores comunistas tenemos que explicar la verdad, y hacerlo de manera que nuestro programa sea lo más accesible y comprensible posible para los trabajadores. Es la tarea que enfrentamos a diario en el trabajo. Es una cuestión con la que bregan nuestros candidatos y en que tratamos de mejorar nuestra respuesta constantemente en el *Militante*.

Por último, Trotsky comentó, "Naturalmente, si cierro los ojos, puedo escribir un programa color de rosa que todos aceptarán. Pero no respondería a la situación. Y el programa debe corresponder a la situación". El declive mismo del capitalismo, nos aseguró Trotsky, es el factor primordial para cerrar la brecha entre la realidad objetiva y la actual conciencia de los trabajadores. "Bajo los golpes de la crisis objetiva —la existencia de millones de desempleados—" esta conciencia puede cambiar rápidamente, dijo.[22]

Esto nos conduce entonces al problema de cómo presentar nuestras demandas, cómo explicarlas para hacer lo más posible a fin de cerrar la brecha.

Trece. El año 1980 es un año de elecciones presidenciales. Esto nos da una plataforma especial para explicar nuestro

---

21. Trotsky, *The Transitional Program*, p. 133. A finales de 1937 Trotsky pidió que una delegación de dirigentes del PST lo visitara en México, donde estaba viviendo en el exilio, para tener discusiones que le ayudarían a redactar el programa. En marzo de 1938 lo visitaron tres dirigentes del partido, James P. Cannon, Max Shachtman and Vincent R. Dunne. El texto transcrito de esos intercambios, así como las discusiones realizadas unos meses más tarde, aparecen en *The Transitional Program for Socialist Revolution*. Varias de estas también aparecen en *Los tribunos del pueblo y los sindicatos*.

22. Trotsky, *The Transitional Program*, p. 204.

programa. En tanto los capitalistas sigan celebrando elecciones nacionales cada cuatro años, seguiremos usándolas para presentar una alternativa socialista a los trabajadores en Estados Unidos.

Haciendo campaña por nuestro programa
¿Cuáles serán los temas principales de la campaña de 1980? Muchos ya están claros.

Haremos campaña contra las amenazas bélicas de Washington contra Nicaragua, Granada y Cuba.

Demandaremos una semana laboral más corta sin reducción de paga, así como una escala móvil de salarios y beneficios del gobierno como respuesta a la doble arremetida del desempleo y la inflación de dos dígitos.

Señalaremos la necesidad de nacionalizar los consorcios energéticos, el Ferrocarril de Milwaukee, la Chrysler y otras industrias que causan estragos para millones de trabajadores y sus familias ante la exorbitante subida de precios de la gasolina y el combustible para la calefacción, así como los despidos masivos y los ataques contra las condiciones de seguridad y salud en el trabajo.

Estaremos apoyando huelgas y otras luchas obreras, incluyendo para organizar a los no sindicalizados y por la democracia sindical como las luchas en las que hemos participado en el sindicato del acero USWA y el ferroviario UTU en los últimos años.

Nuestros candidatos y campañas electorales movilizarán la solidaridad en acción con todo tipo de luchas locales y nacionales para promover los derechos y condiciones de los negros, los chicanos, los indígenas y las mujeres. Estas incluyen luchas contra la violencia racista y la brutalidad policiaca en las que hemos participado —desde Detroit hasta Decatur, Alabama, y Tupelo, Mississippi— como también por la ratificación de la Enmienda Pro Igualdad de Derechos y para defender el derecho de la mujer al aborto.

La campaña presidencial le ofrece al Partido Socialista de los Trabajadores la oportunidad más amplia de explicar la necesidad de que el movimiento obrero norteamericano rompa con el sistema bipartidista del capitalismo —con los demócratas y los republicanos— y lance un partido obrero basado en los sindicatos (*labor party*).

Los compañeros en las fracciones industriales confirman que van aumentando nuestras posibilidades de obtener una respuesta positiva entre el pueblo trabajador sobre la necesidad de romper con los partidos políticos de los patrones. Dado el actual estado de la lucha de clases, la consigna de un partido obrero en estos momentos no es una campaña de agitación en la clase trabajadora y el movimiento sindical, sino un elemento importante de nuestra propaganda electoral. Es una de las formas en que explicamos a nuestros compañeros de trabajo la alternativa a la bancarrota política del sistema bipartidista y a la política de la burocracia sindical de depender del Partido Demócrata, que es un callejón sin salida.

Los trabajadores que hoy se muestran más receptivos a la necesidad de romper con el estado y con los partidos políticos de los patrones se verán atraídos a las campañas electorales del PST y al Partido Socialista de los Trabajadores. Durante los próximos 18 meses, Andrew Pulley y Matilde Zimmermann, nuestros candidatos a presidente y vicepresidenta, estarán intercambiando con trabajadores sobre todos estos apremiantes problemas políticos que enfrenta nuestra clase a nivel nacional e internacional. Y van a instar a los trabajadores que están de acuerdo con ellos a que apoyen la campaña del PST, se suscriban al *Militante* y se incorporen al PST y a la Alianza de la Juventud Socialista.

∽

Catorce. El punto culminante de lo que llamamos la marcha estratégica del movimiento sindical —el objetivo de todo nuestro trabajo y de todas las luchas de nuestra clase— es un gobierno de trabajadores y agricultores. Desde Marx y Engels hasta Lenin y Trotsky, esta ha sido la meta de la acción revolucionaria de masas de la clase trabajadora y sus aliados. Según lo plantea la constitución del PST: "educar y organizar a la clase trabajadora a fin de establecer un gobierno de trabajadores y agricultores, que abolirá el capitalismo en Estados Unidos y se sumará a la lucha mundial por el socialismo".

Esto subraya la importancia de la interrelación entre los sindicatos y los diversos movimientos de protestas sociales. No pedimos que las capas oprimidas de la población esperen a los sindicatos antes de organizarse y empezar a luchar; nunca lo han hecho y nunca deben hacerlo.

Sin embargo, mientras más los sindicatos se vayan convirtiendo en organizaciones revolucionarias de combate de clases, más fuerza sindical se usará para luchar en torno a las cuestiones sociales y políticas en nombre de todos los aliados de la clase trabajadora. Las movilizaciones de masas de los trabajadores serán más poderosas, y surgirán dirigentes proletarios en todas las grandes luchas sociales. Luchamos por eso.

∽

Quince. También hemos empezado a reconocer la importancia estratégica de evaluar correctamente el peso social y la importancia política de diversas luchas y problemas. Esto es esencial para la distribución de nuestras fuerzas y

"Los sindicatos deben organizar a los no sindicalizados y velar por los intereses de los trabajadores en los oficios peor pagados, como los obreros agrícolas". Carlos Marx, 1866

Arriba: Valle de Yakima, estado de Washington, abril 1987. Miembros del sindicato de obreros agrícolas en huelga por un contrato en manzanales de la empresa Pyramid. Los obreros del campo son "los hermanos en armas" de otros trabajadores, "dos partes de una misma clase", dice el programa de 1938 del Partido Socialista de los Trabajadores.

Abajo: Los pequeños agricultores, aunque son una clase distinta de los trabajadores, son aliados estratégicos en una lucha común por un gobierno de trabajadores y agricultores. Exprimidos entre crecientes costos de producción y la baja de precios de sus productos, se ven expulsados de sus tierras. En la foto, 3 mil agricultores entran a la capital federal en febrero de 1979 para exigir subvenciones a los precios de sus cosechas.

para establecer el orden de prioridades políticas. Reivindicamos todas las luchas progresistas. Pero la clave para la transformación del movimiento obrero norteamericano es nuestra comprensión de que la oprimida nacionalidad negra, los pequeños agricultores y las mujeres son los principales aliados estratégicos en la lucha por un gobierno de trabajadores y agricultores.

Es solo a partir de esta valoración que la clase obrera podrá ejercer la máxima influencia para cambiar la correlación de fuerzas de clases a nuestro favor y a favor de todos nuestros aliados.

∾

Dieciséis. ¿Qué queremos decir por conciencia de clase?
Significa ver todas las cuestiones sociales y políticas en términos de clase, y no como individuos. Pensar primero no en *mí* sino en *nosotros*, en la clase de la que formamos parte.

Es imposible convertir en revolucionario proletario a un trabajador u otra persona que piense solo en términos individuales. Pensar en lo que uno puede lograr *como parte de una clase* y de *lo que nuestra clase puede lograr*: ese es el comienzo de la conciencia de clase.

'Nosotros' en vez de 'yo'
Ese proceso puede comenzar con experiencias que hacen que las soluciones personales parezcan menos realistas y más difíciles. Los trabajadores descubren que otros trabajadores enfrentan las mismas dificultades que ellos, y que están pidiendo ayuda, ofreciendo solidaridad y mostrando un camino para luchar juntos.

Algo más sucede cuando uno comienza a pensar en términos de *nosotros* en vez de *yo*: uno comienza a entender que existe otro *nosotros*. Hay un *nosotros* que en realidad es un *ellos*: la clase capitalista dominante. *Ellos* son el enemigo de clase de nuestra clase. Toda política basada en la colaboración con ese enemigo nos debilita a *nosotros* porque los fortalece a *ellos*.

El racismo, el *red-baiting*,[23] el sexismo, el proteccionismo, el nacionalismo imperialista, el "Compre americano", el hacer sacrificios por "nuestra" empresa o "nuestra" industria, el apoyar las guerras de Washington: todo esto debilita nuestra lucha común como clase. Todo esto fortalece al enemigo y cambia la correlación de fuerzas de clase en detrimento nuestro. El actuar en el ámbito político como parte de ese reaccionario "nosotros" debilita nuestros sindicatos, rebaja nuestros salarios, empeora nuestras condiciones de trabajo y amenaza nuestra posteridad y en última instancia hasta nuestras propias vidas.

Con este entendimiento, libramos una batalla *política* contra aquellos en el seno de nuestra clase —por lo general, los más acomodados en términos relativos, los que esperan poder escapar de su condición de proletarios— que son más susceptibles a apoyar a los maldirigentes colaboracionistas de clase del movimiento sindical y sus ideas reformistas.

Esto quedó demostrado una vez más en la reciente victoria en el caso *Weber*, cuando la Corte Suprema de Estados Unidos rechazó en junio de 1979 la demanda de Brian Weber, que pretendía revocar una parte clave del contrato negociado por el Sindicato Unido de Obreros del Acero en la fábrica Kaiser Aluminum en Gramercy, Louisiana.

Weber alegaba ser víctima de la "discriminación a la inversa" en la fábrica, y su demanda había sido ratificada por tribunales inferiores. La Corte Suprema rechazó su intento de eliminar las cuotas de capacitación laboral, conquistada en el convenio del USWA, que reservaba la mitad de los cupos de

---

23. Ver la nota sobre *red-baiting* en la p. 19.

aprendices para los negros y las mujeres. Antes de ese nuevo convenio, el 40 por ciento de los obreros en Gramercy eran africano-americanos pero menos del 2 por ciento de los llamados empleos calificados —¡sí, ni siquiera uno de cada 50!— estaba ocupado por obreros negros, y *ninguno* por mujeres. La lucha que revocó la decisión del tribunal inferior sobre el caso *Weber* fue una victoria no solo para los negros, latinos y mujeres, sino para todos los trabajadores en Estados Unidos. Los cambios de conciencia en la clase trabajadora, producto de los logros en la lucha de los negros, contribuyeron a esta victoria.

Los enemigos de la igualdad para los negros y las mujeres argumentan a menudo que no se debe modificar las reglas de antigüedad para rectificar las cesantías o promociones discriminatorias. Pero el decreto (*consent decree*) pactado en 1974 entre el USWA y las empresas del acero básico fortaleció a todo el movimiento sindical. Estipulaba que por lo menos el 50 por ciento de los nuevos empleados debían ser negros y mujeres, permitiendo que ellos tuvieran derecho a solicitar (y recibir capacitación para) puestos en departamentos con mejores salarios sin perder su antigüedad en la planta.

Esto muestra que algo nuevo está pasando en el movimiento obrero. Y el hecho de que ocurrió en Gramercy, Louisiana, muestra que la clase dominante ya no puede encontrar un refugio seguro, ni siquiera en el Sur —donde impera el "derecho a trabajar por menos"— o en el llamado Cinturón del Sol del sudoeste al sudeste. Ya no es territorio seguro para los patrones. Las potentes luchas que derrotaron el sistema *Jim Crow* de segregación racial, combinadas con los sucesos nacionales y mundiales de la última década, han dado un tremendo ímpetu a la lucha de clases en el Sur, convirtiendo esto hoy día en un elemento clave de la política norteamericana.

Además de la gran campaña de sindicalización del USWA en Newport News —la mayor campaña sindicalizadora en el Sur en casi un cuarto de siglo— se produjo también una victoria importante para los obreros en la nueva fábrica grande de la General Motors en Oklahoma City.[24] Yo estaba sentado tomando una taza de té a eso de las siete de la mañana, viendo el noticiero de CBS por televisión, la mañana después de que esos obreros votaron por un margen de dos a uno a favor del Sindicato Unido de Obreros Automotrices. Los reporteros entrevistaron primero a los jefes de la GM, quienes dijeron que francamente habían creído que no existía la menor posibilidad de que ganara el sindicato. Dijeron estar muy asombrados, ya que, después de todo, ¡muchos obreros les habían dicho que no querían sindicato! Obviamente algo salió muy mal, dijeron los patrones.

Después, la CBS entrevistó a algunos trabajadores que representaban el sindicato amarillo de la GM. Solo murmuraron entre dientes y trataron de alejarse de la cámara. Por último, mostraron un poco del video sobre la celebración de la mayoría: los obreros que habían ganado, tanto blancos como negros, jóvenes como de mayor edad. Era una manifestación amplia, combativa y llena de orgullo.

Estos cambios entre los trabajadores estadounidenses abren nuevas perspectivas para las futuras luchas sociales.

III.

Hemos avanzado bastante al llevar a cabo el viraje en el último año. Hemos aprendido mucho.

¿Cuáles son, entonces, los próximos pasos para desa-

---

24. Ver el glosario: USWA, Local 8888 del (Newport News, Virginia); Oklahoma City, campaña de sindicalización del UAW en.

rrollar nuestras fracciones sindicales industriales? ¿Cómo avanzamos, tanto en lo político como en lo organizativo, para completar el viraje a la industria y realizar más y más de nuestra actividad a través de estas fracciones?

Forjando nuestras fracciones industriales
Los últimos nueve puntos abordan estas importantes preguntas.

∾

Diecisiete. Desde la reunión del Comité Nacional de febrero de 1978, hemos dicho que nuestra meta es lograr que una gran mayoría del partido se incorpore a la industria y a los sindicatos industriales.

Al principio del viraje, hace un año y medio, el Comité Nacional subestimó hasta cierto punto al partido y a sus cuadros. Conscientemente o no, dábamos por hecho que había una parte de los compañeros que, por diversas razones no expresadas, no debían incorporarse a la industria. También suponíamos que habría algunos que personalmente no iban a querer hacer lo que todos hemos estado esperando para hacer.

Eso resultó ser erróneo. La lección que hemos aprendido, que el partido nos ha enseñado en menos de 18 meses, es una lección para todo nuestro movimiento mundial. Cuando los miembros y la dirección están políticamente convencidos de las oportunidades para hacer trabajo como parte de nuestra clase, una capa tras otra de compañeros responde y hace lo necesario para obtener un trabajo industrial.

Los compañeros han organizado su vida para poder participar en la implementación del curso adoptado por el partido. Han recibido ayuda los comités de su rama y los organismos directivos locales trabajando juntos. Todo tipo de supuestos obstáculos, uno u otro problema de salud, uno u otro período para adaptarse, se superan con el compromiso personal y la dirección política.

No hay amplias categorías de excepciones. Nuestro viraje es una política general, y *tiene que* serlo para llevarlo a cabo de principio a fin. Tenemos ex abogados, médicos, dentistas, profesores, miembros de los gremios de la construcción, maestros y todo tipo de empleados públicos que ya están en la industria o están buscando empleos industriales. Miembros del Comité Nacional, del Comité Político, redactores y directores han sido liberados de otras responsabilidades para participar en el viraje. Con el tiempo habrá una rotación de responsabilidades, cuando se pida a los compañeros en la industria que asuman responsabilidades a tiempo completo en el partido y viceversa.

El viraje es universal. Todos los que no están en la industria, y se convencen y consideran posible obtener un trabajo industrial, son bienvenidos. Te ayudaremos a hacerlo.

No hay "equilibrio" alguno en nuestro viraje. Estamos poniendo todos los huevos en la misma canasta. Porque es la única forma de construir el núcleo de un partido proletario, las fracciones industriales más grandes, la participación más eficaz en el movimiento de masas y en luchas de todo tipo. Es la manera de asegurarle al partido la mayor influencia política con el transcurso del tiempo.

Esta es una táctica conscientemente y totalmente desequilibrada, y debe llevarse a cabo así. De lo contrario, no funcionará.

No es porque creamos saber dónde van a ocurrir los próximos grandes estallidos sociales y políticas, o cuántos, o con qué ritmo, o en qué orden. No lo sabemos. Solo sabemos que dichos estallidos sí se van a dar, y cuando se den, los obreros industriales van a responder. Al hacerlo, van a fortalecer la lucha por transformar sus sindicatos —y transformarse ellos mismos— a fin de impulsar todas las luchas de los oprimidos y explotados.

Nuestro viraje es la mejor forma de asegurar que formaremos parte de esas batallas, que estaremos en condiciones de promover nuestro programa y desarrollar una dirección con perspectiva de lucha de clases, y que se va a forjar y fortalecer un partido revolucionario por ese camino.

~

Dieciocho. Llevamos a cabo nuestra actividad en la industria como en todo lo demás: como trabajo del partido. Como parte de una fracción industrial, aprendemos a funcionar de una manera más disciplinada. Estamos descubriendo que la confianza de los compañeros aumenta, al igual que aumenta su interés general en la política y su comprensión del marxismo. Siendo obrero industrial, es más fácil comprender el marxismo como los intereses generalizados y la línea de marcha de una clase.

Los compañeros descubren una nueva forma de leer, una nueva percepción de cosas que no observamos la primera vez. Los que nunca pensaron que alguna vez escribirían para el *Militante* se están convirtiendo en trabajadores-corresponsales.

~

Diecinueve. Nuestra meta es entrar en las grandes plantas, las grandes minas, las grandes fábricas, los grandes depósitos ferroviarios. Queremos estar situados para trabajar con el mayor número posible de obreros industriales en centros de trabajo y sindicatos locales grandes, e influir en ellos.

Un partido al nivel nacional
Pero también estamos construyendo un partido *a nivel nacional*. En Estados Unidos no existe un Petrogrado. Nuestra clase está distribuida por todo el país, en ciudades

grandes y pequeñas y con diversas características políticas y sociales a nivel regional. Solamente un partido de extensión nacional, que realiza actividades políticas en ciudades, pueblos y zonas rurales, podrá arraigarse en la clase trabajadora norteamericana, mantenerse en contacto con ella y ayudar a generalizar sus experiencias.

Hay cientos de zonas en este país —buena parte del norte del Medio Oeste, la región Tidewater de Virginia, la de Piedmont en Carolina del Norte— donde no hay inmensas ciudades pero sí hay grandes concentraciones proletarias en la industria básica y otros centros laborales. A veces estos trabajadores no están sindicalizados, otras veces están sumamente sindicalizados.

Ciudades como Miami, Washington, San Antonio y Albuquerque son centros políticos importantes de este país, a pesar de su concentración *relativamente* menor de obreros industriales. Hay una comunidad obrera cubana en Miami que es grande e importante, y comunidades de centroamericanos de tamaño considerable tanto en Miami como en Washington. Dados los cambios de actitud hacia la Revolución Cubana entre los cubanos en este país, y las luchas en desarrollo en Centroamérica, es importante tener ramas en estas ciudades por estas razones, si no por otras razones... y hay muchas otras.

No solo Houston y Dallas, sino San Antonio, Phoenix y Albuquerque son centros de la población chicana, al igual que Salt Lake City y Denver. Los chicanos constituyen un sector importante de la fuerza laboral industrial en estas ciudades, y hay además muchos trabajadores mexicanos que son inmigrantes indocumentados.

Nuestro partido no puede darse el lujo de hacer caso omiso de la política de estas ciudades, ni de caer en la ilusión de que podemos "esperar hasta más tarde" para comenzar a participar en la vida política de los centros industriales de Estados Unidos que no son los más grandes. Hay otro concepto erróneo que a veces he oído: que Nueva York y San Francisco son ciudades pequeñoburguesas, no muy importantes para un partido proletario. Eso es un disparate. Son importantes centros políticos de este país, cada cual con una clase trabajadora y movimiento sindical grandes. Si no podemos tener una unidad activa, con una librería bien surtida y una atractiva sede pública en Nueva York y San Francisco, entonces estamos haciendo algo mal.

Los compañeros han estado dispuestos a dejar atrás trabajos mejor remunerados y mudarse a la región no sindicalizada del Cinturón del Sol, ir al Piedmont, ir adonde viven y trabajan trabajadores menos remunerados y menos sindicalizados. En un país donde menos de la cuarta parte de la fuerza laboral está sindicalizada en la actualidad, las condiciones en sitios como estos son representativas de las que enfrenta la mayor parte de la clase trabajadora norteamericana.[25]

～

Veinte. León Trotsky y Jim Cannon plantearon dos pautas básicas que han sido buenos puntos de partida para nuestras fracciones:
- Trotsky explicó la necesidad de que los trabajadores piensen en términos sociales y actúen en términos políticos.
- Cannon nos instó a hablar de socialismo.

Mientras más avanzamos en nuestro viraje, más descubrimos que estas son las mejores guías para nuestras fracciones

---

25. Unos 40 años más tarde, en 2019, un 10.5 por ciento de los trabajadores en Estados Unidos están sindicalizados. Un 6.4 por ciento de los trabajadores contratados por compañías privadas están afiliados a sindicatos. Esta fuerte e incesante caída es producto, ante todo, de la trayectoria de colaboración de clases de la cúpula sindical, que maniata a las filas y ha debilitado gravemente el movimiento sindical.

industriales. Estamos haciendo el viraje precisamente por la creciente politización y radicalización de sectores de la clase trabajadora. La combinación de lo que les está pasando a los trabajadores en las fábricas y lo que ven que les está pasando en la sociedad capitalista en general, hace que se interesen más en la política y recurran a sus sindicatos para luchar. Su conciencia se está transformando.

Queremos que el *Militante* sea conocido en el trabajo. Hemos avanzado en esto. Los trabajadores socialistas están vendiendo el periódico en el trabajo y a las entradas de fábricas durante otros turnos.

Es con el *Militante*, y con los libros que publicamos y distribuimos, que nuestros compañeros de trabajo empiezan a saber quiénes somos cuando estallan luchas en torno a una cuestión u otra.

Somos defensores de los derechos de los negros y de la igualdad de derechos para la mujer.

Somos los que defendemos la revolución en Nicaragua, la revolución en Granada, la Revolución Cubana.

Somos los trabajadores que piensan que debemos tener una semana laboral más corta sin recorte salarial. Que debe regir el control obrero sobre las condiciones de seguridad y salud y sobre la producción en las minas y fábricas. Que los sindicatos nunca deben subordinar los intereses de la clase trabajadora a los partidos políticos de los patrones y a su gobierno.

Los compañeros y compañeras están descubriendo que ser candidato del PST es una de las mejores formas de presentarnos y de presentar nuestras ideas en el trabajo. Invitamos a nuestros compañeros de trabajo a ser partidarios de los candidatos socialistas.

Nuestros compañeros pueden tomar parte en los concursos de calcomanías y camisetas que se dan en las plantas. Podemos pegar los lemas de Pulley y Zimmermann en nuestra ropa de trabajo. Podemos llevar un botón de Pulley al lado de nuestro botón de "Milwaukeegate".

En la reunión de la fracción del acero hace unos días, un compañero que trabaja en Sparrows Point, en Baltimore, dijo que un compañero de trabajo suyo tiene en el casco el lema "Vote por los Trabajadores Socialistas" a la derecha y "Jesús salva" a la izquierda. ¡Es genial! Podemos trabajar juntos para llegar a un gobierno de trabajadores y agricultores incluso antes del Segundo Advenimiento.

Los trabajadores jóvenes son creativos y rebeldes. Salió a relucir un ejemplo de esto en la reunión de la fracción de los miembros del partido en la Asociación Internacional de Mecanometalúrgicos, la IAM. En mayo pasado, a un avión DC-10 se le cayó un motor justo después de despegar en Chicago. Se estrelló y murieron más de 270 personas. La compañía McDonnell Douglas lanzó una intensa campaña propagandística para encubrir los problemas de seguridad del DC-10 y apuntalar el precio de sus acciones en la bolsa de valores. Un compañero en la reunión de la fracción de la IAM dijo que cuando la compañía repartió camisetas a los empleados con una foto del DC-10, uno de los obreros tomó un par de tijeras, recortó uno de los motores y llevó la camiseta en el trabajo.

El año próximo, todo este país va a debatir sobre cuál de esas miserables pandillas —la de Carter, la de Kennedy o la de algún republicano— va a dirigir la Casa Blanca. Nosotros ofrecemos una alternativa obrera, la alternativa del Partido Socialista de los Trabajadores. Así vamos a actuar en las fábricas.

∽

Veintiuno. Hubo un intercambio en el boletín de discusión del partido sobre si los compañeros deben postularse para cargos o aceptar cargos en el sindicato. Existen dos cuestiones distintas que a veces se confunden. Los socialistas en los sindicatos, por supuesto, nos esforzamos por ser dirigentes y asumir *responsabilidades de dirección*. Pero eso *no* es lo mismo que ocupar cargos en los sindicatos. Esta distinción es fundamental. Nuestra clase no ha carecido de experiencias con lo que pasa cuando una persona que antes fue un sindicalista combativo termina cooptado e integrado a la cúpula sindical —un mundo de clases ajenas a la clase obrera— y deja de participar y ayudar a dirigir un movimiento cada vez más amplio de trabajadores de filas que lucha contra los patrones. Marvel Scholl —cuadro del PST por muchas décadas y dirigente del comité auxiliar de mujeres durante las batallas de los Teamsters en 1934 de las que hablamos antes— pintó una imagen convincente de cómo hasta algunos de los mejores militantes pueden perder su alma. Lo hizo en un artículo que escribió para el *Militante* hace unos años, titulado "La formación de un burócrata sindical".[26]

Convertirnos en dirigentes de nuestros sindicatos

No hay reglas inflexibles sobre cuestiones tácticas. Pero no vemos razón para cambiar lo que hemos dicho en los últimos años. Cada caso específico es una cuestión táctica, pero hoy día nos inclinamos *a no* ocupar cargos sindicales.

Al mismo tiempo, nos inclinamos *favorablemente* a buscar las maneras de ser militantes sindicales responsables, promotores del sindicato y dirigentes sindicales. Nuestro objetivo es que nuestros compañeros de trabajo y nosotros utilicemos la fuerza sindical —y cuando sea posible las estructuras sindicales— para luchar por los intereses de nuestra clase y sus aliados. En este proceso, las filas se movilizarán y los sindicatos empezarán a cambiar.

---

26. La columna escrita por Scholl en 1972 aparece más adelante en este libro.

A veces esto consistirá en ayudar a reactivar comités moribundos en los locales: comités de derechos civiles, comités ambientales o educativos, participando en comités sociales, lo que sea. A veces ayudaremos a iniciar nuevos comités, como lo hemos hecho en torno a los derechos de las mujeres en algunos lugares, o en torno a la solidaridad.

Los burócratas quieren cortar todo de raíz, para mantener las ideas sociales y la política fuera de las plantas y fuera del sindicato. Nosotros *las queremos adentro*.

Nuestra experiencia nos dice que las fracciones industriales que obran de la manera más política y audaz también se vuelven las mejores en el trabajo sindical, en la participación con compañeros de trabajo en luchas relacionadas con el trabajo, en atraer a militantes.

Por ejemplo, la campaña del Ferrocarril de Milwaukee está siendo organizada gracias a un trabajo muy capaz dentro de la estructura oficial del sindicato: un comité *ad hoc* formado con la autorización oficial del UTU. Resulta que los cinco obreros que formaron el núcleo inicial del comité eran todos suscriptores del *Militante*. Estamos trabajando con ellos en la campaña del Ferrocarril de Milwaukee, y ellos están leyendo nuestro periódico. Es una buena combinación.

Esto también está pasando en lugares como la fábrica de acero de Sparrows Point. Los compañeros actúan abiertamente como trabajadores socialistas a la vez que ayudan a estimular la actividad política en dos de los sindicatos locales más grandes del Sindicato Unido de Obreros del Acero en el país. Han ayudado a iniciar actividades oficiales de solidaridad sindical con las huelgas de los mineros del carbón y de Newport News; ayudaron a crear comités activos por los derechos de la mujer en ambos locales; realizaron un foro auspiciado por el sindicato sobre el caso *Weber* en la sede sindical; iniciaron una discusión sobre las condiciones de seguridad en la fábrica; y han ayudado

"**En la fábrica de acero de Sparrows Point en Baltimore, miembros del partido, que actúan abiertamente como socialistas, participan en actividades políticas con compañeros de trabajo en dos de los mayores locales del sindicato USWA**".

Arriba: Newport News, Virginia, marzo 1979. Obreros de planta de Bethlehem Steel en Baltimore se suman a manifestación de apoyo a obreros de astillero en huelga por el reconocimiento del Local 8888 del USWA. En la foto, David Wilson, presidente de uno de los dos locales de Baltimore, ayuda con un cartel.

Recuadro: El *Militante* del 16 de marzo de 1979. El periódico socialista divulgó la lucha a trabajadores en todo el país. El titular dice, ¡Defendamos huelga en Newport News!

Abajo: Baltimore, marzo 1978. Obreros del acero y otros sindicalistas cargan alimentos y ropa para una caravana de 300 vehículos que fue a Martinsburg, Virginia del Oeste, en solidaridad con huelga nacional de mineros del carbón.

a convertir algunas asambleas sindicales en eventos políticos que han influido en los obreros que asisten a ellas.

Lo mismo ocurre en el Distrito 31 del USWA en Chicago, donde también hemos participado en actividades de solidaridad con África. Y sucede en Toledo, Ohio, donde los compañeros ayudaron a establecer un Comité de Solidaridad oficial en su local del sindicato automotriz UAW. Ocurre en muchas de nuestras fracciones.

Y hemos dado los primeros pasos para organizar una fracción del Sindicato Unido de Mineros, con miembros del partido que trabajan en minas de carbón en Pennsylvania, Virginia del Oeste y Alabama.[27]

Sí comparamos estas experiencias con lo que los compañeros de Minneapolis emprendieron en los años 30. Es lo que estamos tratando de hacer, en las condiciones actuales. Queremos emularlos a ellos. Igual que los compañeros y otros que dirigieron el Local 544, tenemos los ojos puestos en las filas, no en los funcionarios sindicales "progresistas".

Queremos influir en los trabajadores jóvenes. Es ahí donde vamos a forjar nuestra corriente política en el movimiento obrero. Es ahí donde vamos a encontrar los cuadros iniciales del ala izquierda con perspectiva de lucha de clases. Es ahí donde vamos a ganar a militantes obreros para el programa revolucionario y para el partido revolucionario. Y en ese proceso, puede que también ganemos a algunos de los funcionarios sindicales que están más cercanos a las filas.

∼

Veintidós. Nuestros compañeros han hecho progresos notables en la implementación del viraje a los obreros

---

27. Ver "Trabajo sindical y construcción del partido en las zonas mineras de carbón", la próxima sección de este libro.

y sindicatos industriales. ¿Por qué? Porque el partido estaba preparado políticamente.

Cómo nos preparamos para el viraje
Cuando miramos atrás, vemos que la dirección del partido inició los preparativos para esta nueva etapa de la construcción del partido hace 15 años. Farrell Dobbs fue liberado de algunas de sus responsabilidades para poder seguir más de cerca lo que estaba sucediendo en el movimiento sindical y escribir al respecto para el *Militante*. Los artículos de Farrell fueron la base de nuestro primer folleto importante sobre los sindicatos en muchos años: *Recent Trends in the Labor Movement* (Tendencias recientes en el movimiento obrero), que publicamos en 1967. Aún se puede obtener.[28] Los compañeros deberían volver a leerlo.

Farrell además escribió una serie de documentos para el Comité Político sobre acontecimientos importantes en el movimiento sindical. Todo el partido se benefició de su memorándum adoptado por el Comité Político en 1969 sobre los caucus negros en los sindicatos, su significado, la interpenetración de la radicalización del pueblo negro con el movimiento sindical. Redactó una resolución, adoptada en nuestro congreso de 1969, en que aplicó nuestra política militar proletaria a la lucha contra la guerra de Vietnam y la creciente oposición al servicio militar obligatorio.[29]

---

28. Publicado bajo el título *Selected Articles on the Labor Movement* (Artículos selectos sobre el movimiento sindical; Pathfinder, 1983).

29. Estos documentos de Dobbs se encuentran en *Selected Documents on SWP Trade Union Policy* (Artículos escogidos sobre la política sindical del PST) y en *Revolutionary Strategy in the Fight Against the Vietnam War* (Estrategia revolucionaria en la lucha contra la guerra de Vietnam), publicados por Pathfinder en 1972 y 1975, respectivamente.

En este proceso, Farrell también dedicó mucha atención política a la tarea de ayudar con la transición en la dirección del partido, que fue necesaria para llevar a cabo exitosamente el viraje.

A finales de los años 60, decidimos pedirle a Frank Lovell que regresara de Detroit a Nueva York para ayudar a organizar nuestra dirección sindical, y poco a poco formamos un comité timón nacional de compañeros con mucho conocimiento.

Miembros del partido que trabajaban en la industria ferroviaria se sumaron y ayudaron a dirigir el Comité Pro Derecho al Voto en el Sindicato Unido del Transporte (UTU) a principios de los años 70. Respondimos oportunamente como partido nacional a las huelgas de la General Electric en 1969 y del servicio federal de correos en 1969. Estábamos preparados para el congelamiento de salarios que Nixon decretó en 1971 y para las escaseces de carne y energéticos en 1973. Evaluamos acertadamente la Coalición de Mujeres Sindicalistas (CLUW) cuando surgió en 1974, reconociéndola como indicio de lo que estaba por venir.

Empezamos a trabajar de manera más sistemática con los compañeros en situaciones sindicales. Desarrollamos fracciones bastante grandes de maestros y empleados públicos, colaborando con ellos a nivel local y nacional. Estas fracciones abordaron activamente los temas del racismo, los recortes en los servicios sociales y la acción política obrera independiente que hoy día enfrentan los sindicatos de maestros y empleados públicos. Los compañeros en los gremios de la construcción, especialmente en el Área de la Bahía de San Francisco, hicieron una labor importante, utilizando su base sindical para impulsar la solidaridad con batallas sindicales y otras luchas progresistas. Todos nuestros cuadros a nivel nacional adquirieron una valiosa experiencia en estas luchas iniciales en el movimiento sindical, y nuestros miembros se ganaron el respeto de sus compañeros de trabajo.

Todas estas experiencias y debates nos dejaron preparados para responder a las oportunidades que brindó la campaña de Sadlowski en 1976 y 1977, y para la decisión del Comité Nacional en febrero de 1978 sobre el viraje del partido a los sindicatos industriales. Muchos compañeros que habían participado en estas experiencias iniciales en el movimiento obrero están dirigiendo actualmente la construcción de nuestras fracciones sindicales industriales.

Así que no se hizo nada repentino, nada sin analizar, nada improvisado. No hubo sorpresas. Solo una acumulación continua de experiencias y respuestas oportunas a situaciones cambiantes en la lucha de clases.

Boston: Lucha por desegregación escolar

La orientación nacional del partido hacia la lucha por la desegregación de las escuelas en Boston en 1974-75 fue otro aspecto crucial de esta preparación. Pasamos con honores la prueba de un partido proletario: la capacidad de intervenir de forma efectiva y decisiva para promover los intereses de los oprimidos.

La comunidad negra de Boston combatió a los racistas, llegando a un empate, y logró mantener el plan de transporte escolar en esa ciudad. Nosotros fuimos parte de esa batalla. Por la correlación de fuerzas de clases en Boston y en el movimiento negro, la lucha llegó a su fin antes de que se pudiera obtener un triunfo decisivo. No obstante, se ganó bastante.

La lucha por la desegregación en Boston fue la experiencia de combate político más decisiva para toda una parte de la dirección del partido, incluida una parte importante de nuestra dirección que es africano-americana. En el transcurso de nuestro trabajo como parte de esa lucha y de

"Para aumentar sus tasas de ganancia, los capitalistas tienen que intensificar la explotación de los trabajadores. No tienen otra opción que atacar los sindicatos industriales".

Arriba: St. Paul, Minnesota, junio 2000. Obreros de la carne marchan desde sede del sindicato UFCW hasta matadero de Dakota Premium en lucha por reconocimiento de la unión. Días antes, hicieron un plantón para resistir aceleración de la línea de producción que aumentaba las lesiones.

Abajo: Los Ángeles, marzo 1990. Huelguistas de Greyhound se unen a piquetes contra aerolínea Eastern. Los obreros de Eastern estuvieron 686 días en huelga, "un día más" que el dueño Frank Lorenzo, cuyo fallido ataque antisindical llevó a la empresa a la quiebra.

"**Crece la necesidad de solidaridad ante la ofensiva patronal. Las huelgas se convierten en luchas políticas por la conciencia de la clase obrera. No solo de los trabajadores en huelga sino de toda la clase**".

Arriba: Austin, Minnesota, abril 1986. Sindicalistas de todo el país se suman a marcha de 5 mil en apoyo a huelga del Local P-9 del UFCW contra Hormel. Los trabajadores socialistas promovieron solidaridad a nivel nacional.

Abajo: Mural en el Centro Laboral de Austin, que el Local P-9 dedicó a Nelson Mandela, líder preso de la lucha por la libertad de Sudáfrica. La obra expresó la identificación de los huelguistas con la batalla contra el régimen del apartheid.

Arriba: Miami, enero 1990. Miembros del sindicato minero en huelga contra Pittston Coal marchan con huelguistas de la aerolínea Eastern en el desfile del Día de Martin Luther King. En todo el país, mecanometalúrgicos de Eastern y huelguistas de Pittston se unieron para fortalecer mutuamente sus luchas.

Abajo: En 2003 los obreros de la mina Co-Op en Utah salieron en huelga. Nacidos en México en su gran mayoría, ganaron mucho apoyo sindical en sus tres años de lucha por organizar un sindicato.

"Luchamos por la solidaridad con luchas de los oprimidos y explotados a nivel mundial".

PAT NIXON/MILITANTE

PAT NIXON/MILITANTE

Arriba: Los Ángeles, abril 1985. Como parte de jornada nacional, una columna de mecanometalúrgicos marcha en apoyo a la lucha por la libertad en Sudáfrica. *Izquierda:* En la misma marcha, miembros del sindicato petroquímico condenan intervención militar de Washington en Centroamérica.

ARTHUR HUGHES/MILITANTE

Arriba: Washington, octubre 1986. Marcha de oposición a la guerra oraganizada por Washington contra la revolución nicaragüense.

KATHY MICKELLS/MILITANTE

KYLE GRILLOT/REUTERS

Arriba: York, Pennsylvania, marzo 1995. Piquetes del sindicato automotriz en fábrica Caterpillar explican su lucha a Kenia Serrano, líder de la Federación Estudiantil Universitaria de Cuba que estaba en gira de conferencias. Los obreros aprovecharon la oportunidad de aprender sobre el ejemplo de la Revolución Cubana.

Abajo: Los Ángeles, octubre 2018. Choferes portuarios exigen que el sindicato Teamsters sea reconocido como su representante y defienda a trabajadores inmigrantes amenazados con deportación si el gobierno cancela su "estatus de protección temporal".

"Las luchas por los derechos civiles y de la mujer no solo elevaron la confianza de capas oprimidas de la clase obrera. Elevaron la conciencia de todos los trabajadores sobre sus intereses comunes de clase".

NANCY COLE/MILITANTE

Arriba: Wollongong, Australia, marzo 1984. Manifestantes en el Día Internacional de la Mujer exigen que empresa de acero en Port Kembla cese su exclusión de mujeres. La campaña recibió mucho apoyo y obligó a la empresa a contratar a cientos de obreras.

Abajo: Institute, Virginia del Oeste, junio 1979. Primer encuentro nacional de mineras, auspiciada por el Proyecto de Empleos en las Minas de Carbón, aglutinó a 200 personas. De la izq.: Paulette Shine, Betty Jean Hall, Connie Weiss, Mary Zins. El grupo, fundado dos años antes, ayudaba a las mujeres a obtener empleos en las minas.

Mineros socialistas en Estados Unidos y el Reino Unido llevaron solidaridad mutua a trabajadores en ambos países.

Arriba: North Yorkshire, Inglaterra, junio 1987. Mineras y otros sindicalistas de EEUU visitan zonas hulleras inglesas para aprender sobre la resistencia al cierre de minas por el gobierno y sus intentos de destruir la Unión Nacional de Mineros. Fueron recibidos por Mujeres Contra el Cierre de Minas, grupo integrado por esposas de mineros y otros partidarios de la NUM.

Abajo: Zona minera en Virginia, noviembre 1989. Paul Galloway (2do de la izq.) y Jim Spaul (4° de la der.), mineros socialistas del Reino Unido, con piquetes en huelga contra Pittston Coal.

"El peso y la fuerza de los sindicatos deben hacerse sentir en luchas por los derechos de los negros y las mujeres y por la acción afirmativa".

Denver, agosto 1993. Movilización para defender clínica de abortos ante amenazas de derechistas opositores de los derechos de la mujer.

Obrera en planta de ensamblaje de la Jaguar en Birmingham, Inglaterra.

Folleto que usaron trabajadores socialistas para defender la acción afirmativa. El caso *Weber* fue una demanda contra el convenio del sindicato del acero que fijaba cuotas para capacitar a negros y mujeres. Muchos sindicatos defendieron estas medidas, y la Corte Suprema las ratificó en junio de 1979.

las acciones solidarias en todo el país, reclutamos al movimiento socialista a luchadores militantes por la liberación de los negros de todos los colores de piel. Muchos de ellos están ayudando hoy a dirigir el partido a la industria.[30]

~

Veintitrés. Nuestra mayor conquista política de los años 60 y 70 fue que forjamos el tipo de partido que podía evaluar los cambios en nuestra clase y hacer el viraje a la clase obrera y los sindicatos industriales cuando se presentó el momento.

Reclutamos a cuadros capaces de hacer trabajo político revolucionario en el seno de nuestra clase, cuadros que pudieran tomar la iniciativa en la lucha por transformar el movimiento sindical y forjar un partido revolucionario de obreros industriales.

No estamos atravesando esta experiencia solos en el PST. Es una experiencia internacional, y eso se ha visto aquí en nuestro congreso. Al hacer este viraje, estamos sentando un ejemplo para todo nuestro movimiento mundial.

~

Veinticuatro. Cada problema importante de la política *mundial* es también un problema *norteamericano.* Heredamos el legado de la época imperialista. Estamos forjando un partido en el bastión estratégico, el baluarte del sistema capitalista mundial. Lo que hagamos, o no hagamos, afecta de forma decisiva todo lo que sucede en el mundo y lo que le sucede *al* mundo.

La clase gobernante es incapaz de evitar el avance de la crisis global en la que ha entrado el capitalismo mundial. Ellos pueden posponer los enfrentamientos. Pueden asestar fuertes golpes contra los trabajadores. Pero no pueden

---

30. Ver el glosario: Boston, lucha por la desegregación en.

prevenir las batallas o detener la crisis a menos que le impongan aplastantes derrotas a la clase trabajadora. Y durante esas batallas tendremos la oportunidad de defendernos e impulsar un curso revolucionario hacia la conquista del poder estatal.

¿Y la burocracia sindical? ¿Podrán mantener acorralado al movimiento obrero norteamericano? Si bien la cúpula sindical puede llevarnos a una derrota tras otra y mantener su control, en última instancia la burocracia es una capa sumamente débil. Esa es la realidad. Pero también tienen detrás de ellos el poder estatal de la clase dominante. No van a caer así nomás. Cuando nuestra clase entre decisivamente en acción, vamos a dividir a la cúpula. La mayoría de ellos serán barridos del camino, abriendo paso a dirigentes combativos de las filas.

No prometemos una revolución socialista ni mañana ni en una fecha específica. Nuestro viraje no tiene nada que ver con profecías o impaciencia.

Pero sí podemos prometer algunas cosas de lo que tenemos por delante. Lenin y Trotsky esbozaron una perspectiva asombrosamente similar en 1921, en sus informes al Tercer Congreso Mundial de la Internacional Comunista.

"La pregunta —planteada por muchos compañeros de manera abstracta— de qué conducirá a la revolución: el empobrecimiento o la prosperidad, es completamente falsa cuando se formula así", explicó Trotsky. "Ni el empobrecimiento ni la prosperidad en sí puede conducir a la revolución. Pero la alternancia entre prosperidad y empobrecimiento" —los buenos y los malos tiempos— "las crisis, la incertidumbre, la falta de estabilidad: estas son las fuerzas motrices de la revolución".

Trotsky agregó que el "modo de vida tranquilo" de la burocracia sindical "también ha influido en la psicología de una amplia capa de trabajadores que gozan de mejores condiciones. Pero hoy día este estado beato, esta estabilidad en las condiciones de vida", dijo Trotsky, "ha quedado relegada al pasado", tal como está empezando a suceder hoy.

"Los precios suben de forma vertiginosa, los salarios cambian constantemente en armonía o desarmonía con las fluctuaciones monetarias. Las divisas se disparan, los precios se disparan, los salarios se disparan, y después vienen los altibajos de febriles coyunturas ficticias y de profundas crisis", dijo Trotsky.

"Esta falta de estabilidad, la incertidumbre de lo que depara el mañana en la vida personal de cada trabajador, es el factor más revolucionario de la época en que vivimos".

Y Lenin, en su informe, subrayó *la preparación política* que los partidos comunistas necesitan ante condiciones tan inestables. "Cuanto más organizado esté el proletariado en un país capitalista desarrollado", dijo, "tanta más solidez nos exigirá la historia en la preparación de la revolución y tanto más a fondo debemos ganar a la mayoría de la clase obrera". Esa trayectoria revolucionaria, agregó Lenin, es una que "las amplias masas... aprenden mucho mejor de su propia experiencia práctica que de los libros".[31]

Eso es lo que prometemos. Ni menos ni más.

El *triunfo* de la revolución socialista dependerá de muchos factores, incluido lo que hagamos nosotros y otros trabajadores. Pero las batallas vendrán y la revolucionización va a ocurrir, y esto decidirá una buena parte del futuro de la humanidad.

---

31. El informe de Lenin, junto con un informe de Trotsky, al Congreso de 1921 de la Internacional Comunista se publicaron en el número 6 de la revista *Nueva Internacional*. Las presentes citas de Trotsky son de su resumen ante el congreso de 1921, que se encuentra en inglés en *The First Five Years of the Communist International* (Los primeros cinco años de la Internacional Comunista), tomo 1, publicado por Pathfinder.

Estamos convencidos que de la clase trabajadora norteamericana surgirán miles y cientos de miles de revolucionarios de acción. Aprenderán el marxismo a paso agigantado. Y eso nos lleva a nuestro punto final.

∼

Veinticinco. Nuestra tarea consiste en hacer una sola cosa: construir un partido estadounidense que, junto con nuestros compañeros alrededor del mundo, pueda ayudar a dirigir a estos militantes obreros en la lucha para borrar este baluarte del imperialismo de la faz de la tierra y abrir el camino al futuro socialista de la humanidad.

Trabajo sindical y construcción del partido en las zonas mineras de carbón

KEN SHILMAN

En un informe que dio el 16 de febrero de 1980 a una reunión de miembros del Partido Socialista de los Trabajadores que trabajaban en minas de carbón en Virginia del Oeste, Pennsylvania y Alabama, Ken Shilman hizo un repaso de la decisión del partido, a fines de los años 70, de que algunos de sus miembros entraran a trabajar en las minas y se incorporaran a la lucha por fortalecer el Sindicato Unido de Mineros (UMWA), organizar a trabajadores y construir el partido.

Shilman, miembro del Comité Nacional del partido, organizó el trabajo de la fracción de mineros del carbón durante los años iniciales. Presentó el informe en nombre del Comité Político, que había discutido a fondo el curso político a seguir de la nueva fracción.

De adolescente, Shilman había participado en una de las primeras Caravanas de la Libertad para protestar contra la segregación racial en las terminales de buses del Sur de Estados Unidos, así como en otras actividades del movimiento pro derechos civiles. Estas experiencias lo llevaron a incorporarse al PST. A través de los años se dedicó a involucrar a soldados norteamericanos en el movimiento contra la guerra en Vietnam, promover la solidaridad con iniciativas para sindicalizar a trabajadores —desde empleados de hospitales en Nueva York hasta mineros en las zonas carboníferas de los Apalaches y obreros de la carne en Austin, Minnesota— y para forjar y educar el movimiento comunista en medio de esta actividad.

A continuación se reproduce un fragmento del informe que Shilman dio en febrero de 1980. Los seudónimos utilizados en el informe original han sido reemplazados por los nombres de miembros del partido involucrados en este trabajo de construcción del partido.

Hace casi dos años, a principios de 1978, nuestros primeros tres compañeros fueron contratados en minas de carbón, cada uno en una mina distinta. Hasta hace seis meses, estos tres compañeros, Mary Zins, Tom Moriarty y Clare Fraenzl, eran nuestra fracción nacional del carbón. Hoy tenemos 13 mineros que están trabajando y hemos reclutado a un minero cesante.

Mejor aún, hemos dado pasos importantes hacia la constitución de fracciones; hoy, solo en una minoría de casos tenemos a compañeros que trabajan en una mina sin que haya otros miembros del partido allí.

Cuando los primeros compañeros y compañeras fueron contratados, no teníamos experiencia en la minería subterránea y no queríamos adelantarnos. Desde el primer día tuvimos el objetivo de ser conocidos entre los compañeros de trabajo por nuestras ideas políticas, de ser conocidos como mineros socialistas. Pero queríamos que la nueva fracción fuera de trabajadores socialistas *efectivos* y queríamos evitar la victimización innecesaria. Los compañeros tenían mucho que aprender antes de comenzar a vender el *Militante* en las minas subterráneas, a hablar de socialismo o involucrarse en la política del Sindicato Unido de Mineros.

La fracción evaluaba casi diariamente este proceso de integración a la fuerza laboral, examinando sus condiciones concretas. Aprendieron a contestar preguntas como: "¿Qué hace alguien de Boston en una mina de carbón en Virginia del Oeste?" Llegaron a ser conocidos por otros trabajadores, hicieron algunos amigos, aprendieron de otros mineros sobre el carbón y el UMWA.

Ese fue un primer paso necesario. A partir de ahí, a medida que otros trabajadores los fueron conociendo como socialistas con ideas políticas sobre muchos temas, cada compañero tuvo una experiencia distinta.

Cada una de las minas era diferente. El Distrito 5 (oeste de Pennsylvania) y el Distrito 31 (norte de Virginia del Oeste) tienen historias diferentes. El Distrito 20 (Alabama) es diferente de los Distritos 5 y 31. Una mina puede ser muy diferente de otra en el mismo distrito.

Convertirse en trabajadores socialistas efectivos
Mary Zins había trabajado en la mina del Distrito 5 de Pennsylvania durante varios meses cuando fue convocada la marcha por la Enmienda Pro Igualdad de Derechos de la mujer (ERA, por sus siglas en inglés) del 9 de julio de 1978 en Washington. Ella estaba a favor, y la fracción decidió que ella debía decirlo. Se corrió la voz, y a Mary se le llegó a conocer en la mina como "Mary de la ERA".

A algunos mineros les gustó, y otros la acosaron por eso. A medida que Mary hizo amistades sobre esa base, era natural que ella mostrara a algunas personas los reportajes del *Militante* sobre la ERA. Debido a estos intercambios con compañeros de trabajo, se corrió la voz de que Mary era socialista. No porque quisiéramos, por un principio, que todos lo supieran, sino porque así se corre la voz en muchas minas. Mary también llegó a ser conocida como "Mary la Roja". Ya tenía unos cuatro o cinco meses en la mina y había llegado a conocer a mucha gente.

La rama del partido ayudó organizando ventas semanales frente a su mina: hablando con mineros sobre temas de actualidad, sobre el socialismo y sobre la necesidad de organizarnos también en el ámbito político: sobre un partido obrero basado en los sindicatos. Las ramas hicieron mucho para respaldar de esa manera a todos nuestros compañeros mineros.

Alguna gente en la mina se interesaba en sus ideas. Otros le hacían la vida difícil y esperaban poder sacarla de la mina, en parte por ser mujer. Pero como todos los compañeros han tenido que hacer, ella se defendió y se ganó el derecho a estar allí y tener una opinión diferente.

Mary es conocida como militante sindical consciente, efectiva oponente de la compañía y compañera de trabajo y organizadora capaz. También esto fue considerado y desarrollado muy conscientemente por la fracción. En su sindicato local, Mary tomaba iniciativas para conversar acerca de la huelga de Jericol en el condado de Harlan, Kentucky; señalaba la importancia de esta lucha para la sindicalización de las zonas mineras en el Este y el Oeste y para fortalecer el sindicato frente a los ataques de los patrones.[1] Junto a otros mineros, consiguió que su local aprobara un mensaje de solidaridad para los obreros del

---

1. Los miembros del Local 8771 del UMWA en la mina Jericol en el condado de Harlan, Kentucky, realizaron una huelga por condiciones seguras en la mina, por sus pensiones y por mayores salarios, desde diciembre de 1977 hasta finales de 1979. Los dueños de Jericol habían rehusado firmar el contrato nacional que el UMWA había obtenido durante su huelga de 110 días en 1977 y 1978.

acero en huelga en Newport News, Virginia.[2] En un momento dado, se produjo una situación peligrosa en la jaula [un aparato en el pozo de mina, parecido a una cabina de ascensor, que sube y baja mineros y materiales] en la mina donde ella trabajaba. Estaba cayendo agua sobre cables con corriente, y la compañía se negaba a tomar acción. Hubo una gran discusión entre los mineros sobre qué hacer. Mary participó en el debate y planteó algunas de las respuestas correctas. Se corrió la voz. Más tarde, otros mineros —no nosotros— insistieron en que Mary se postulara para el comité de seguridad y salud.

En otra ocasión, en la mina donde trabajaba Mary hubo un paro porque la compañía estaba falsificando los documentos sobre los peligros en la mina. Mary participó activamente en el paro, y la fracción decidió que este era el tema oportuno y el momento oportuno para que Mary escribiera un artículo para el *Militante*, publicado bajo su nombre. Ella llamó por teléfono a los dirigentes del sindicato local para pedirles comentarios y avisarles por adelantado sobre el artículo. Y lo compartió con otros obreros cuando se publicó.

Mary participó en discusiones en el sindicato sobre diversos temas: desde la democracia y la seguridad laboral hasta los derechos de la mujer y la energía nuclear. Fue elegida como representante oficial a la Conferencia de Mujeres del UMWA en noviembre de 1979 y después dio un informe en su local sobre ese encuentro. Con esto no quiero decir que Mary se pronunciara sobre cada uno de los temas que se planteaban. Al contrario, la fracción tuvo que escoger los temas sobre los cuales era importante hablar y sobre cuáles hacer campaña.

La conducta de Mary en su local y en su trabajo explica

---

2. Ver el glosario: USWA, Local 8888 del (Newport News, Virginia).

por qué fue elegida delegada al congreso del UMWA en diciembre de 1979. Allí habló sobre una de las principales cuestiones debatidas: la democracia sindical. Mary es probablemente una de las pocas mujeres que haya hablado en un congreso del UMWA. Después tuvo que defender sus votos y las posiciones que tomó en el congreso cuando dio un informe a su local.

En el congreso, Mary vendió siete ejemplares del folleto antinuclear de Pathfinder escrito por Fred Halstead, y un par de ejemplares del *Militante*. Pero no anduvo por la sala de convenciones tratando de pregonar el *Militante*. Eso habría sido insensato, dado el ambiente anticomunista creado por Sam Church, presidente del UMWA.

Mary continúa conversando sobre diversos temas con sus compañeros de trabajo, quienes están preocupados por el posible restablecimiento del servicio militar obligatorio, por la economía, Irán, sus condiciones de seguridad, sus vidas y su futuro.[3] Ella es conocida y respetada por muchos en su mina como activista sindical, como persona que se interesa en los grandes problemas de la actualidad, como socialista: todo eso combinado.

Ganarse respeto como militante sindical

Tom Moriarty atravesó un proceso semejante en su mina, que estaba en el Distrito 31, en el norte de Virginia del Oeste. Cuando comenzó, se concentró en aprender su trabajo y conocer a sus compañeros, lo cual, por supuesto, lleva tiempo. Participó en las discusiones y después de un tiempo vendió el *Militante* a alguna gente que estaba interesada.

El sindicato local donde está Tom no es tan abierto como el de Mary. Las asambleas son más pequeñas; hay

---

3. Ver el glosario: Irán, revolución en.

mucha menos discusión. El local no tiene antecedentes de hacer mucho. Pero en la mina de Tom sí han habido unas cuantas protestas laborales. Al participar en ellas, aprendimos mucho que nos ayudó a comprender mejor los aspectos fuertes y débiles del UMWA.

Hace como un año, la fracción decidió que el local de Tom sería un buen lugar para intentar que el UMWA organizara un mitin de apoyo para los huelguistas de Jericol que mencioné antes. Pensábamos que tal vez se podría sentar un ejemplo para otros sindicatos locales en el distrito. Sabíamos que la dirección internacional del Sindicato Unido de Mineros no quería convertir las huelgas de Jericol o Stearns en una cruzada.[4]

La falta de solidaridad y de acciones de apoyo para estas dos batallas fue parte del repliegue de la dirección bajo el anterior presidente sindical, Arnold Miller, quien había sido elegido en 1972 sobre la cresta del movimiento Mineros por la Democracia en el seno del UMWA.[5] Pero considerábamos que la lucha había llegado a una etapa en

---

4. En 1976 los obreros de la mina Stearns, en el sureste de Kentucky, votaron a favor de ser representados por el UMWA por un margen de 3 a 1. Esa votación ocurrió apenas tres semanas después de que una mina en Scotia, Kentucky —también propiedad de la empresa Blue Diamond Coal— sufrió dos explosiones, en que murieron 26 mineros. Los mineros de Stearns salieron en huelga a principios de 1977 cuando la Blue Diamond se negó a reconocer la parte del convenio del UMWA que otorga a los comités de seguridad, electos por el sindicato, el derecho de parar la producción cuando hay condiciones peligrosas. Después de una batalla de tres años, la Junta Ejecutiva Internacional del UMWA llegó a un acuerdo con la Blue Diamond para celebrar una nueva elección por la representación sindical, en la que los miembros del sindicato amarillo de la empresa —quienes superaban en número a los huelguistas— tenían derecho a votar. Los mineros del UMWA boicotearon la votación amañada en mayo de 1979. La huelga terminó poco después.

5. Ver el glosario: Mineros por la Democracia.

que sería posible poner algo en marcha y que valía la pena intentarlo. Era importante para el futuro del UMWA repeler la ofensiva antisindical en el este de Kentucky. Sabíamos que otros mineros también comprenderían que tarde o temprano esa campaña iba a dirigirse contra sectores más fuertes del UMWA, como está sucediendo ahora en el sur de Virginia del Oeste. Tom habló con el presidente de su local, y en la asamblea sindical el presidente propuso involucrar a otros locales del Distrito 31 para organizar un mitin de apoyo a la huelga de Jericol. Por un tiempo parecía que sería posible, pero luego intervino la dirección del distrito y puso fin al plan.

Después de eso, Tom fue blanco de acusaciones anticomunistas, como también de amenazas físicas por parte de derechistas. Pero para entonces él ya se había ganado respeto por muchas de las cosas que había dicho y hecho día a día, y algunos de los mineros lo respaldaron. Tom no estaba aislado y por tanto el hostigamiento anticomunista fracasó.

Algunos mineros querían continuar el esfuerzo por organizar el mitin de apoyo a Jericol. Pero la fracción decidió dejarlo pasar en vez de entrar en una pelea que no se podría ganar. Lo conversamos con otros mineros envueltos en esto y los convencimos. Durante esta lucha Tom viajó varias veces al condado de Harlan, se reunió con algunos de los mineros allá y dio informes a otros obreros en su mina.

Otra cosa que Tom logró fue organizar una reunión de mineros interesados en promover un evento en Virginia del Oeste para el sindicalista sudafricano Drake Koka, quien a fines de 1978 estaba en gira de conferencias por Estados Unidos, hablando sobre el papel de los trabajadores y los sindicatos en la lucha contra el régimen supremacista blanco en ese país. Tom contactó a varias personas en su mina y a unos suscriptores del *Militante* en otras minas. Les habló sobre el apartheid en Sudáfrica y su significado para los trabajadores en Estados Unidos.

Tom juntó a varios de estos trabajadores en la casa de uno de ellos para hablar del tema y de cómo promover la actividad para Koka en Morgantown. Esto ayudó no solo a promover ese evento sino, aún más, a fortalecer nuestras relaciones con un grupo de mineros que eran negros. Uno de ellos luego habló en un mitin de la campaña del Partido Socialista de los Trabajadores en apoyo a Rosalinda Flint, candidata del partido en Virginia del Oeste para el Senado de Estados Unidos en 1978.

Otra experiencia importante que tuvo Tom fue el trabajo de apoyo que hizo para los compañeros de Birmingham que fueron agredidos al vender el *Militante* a la entrada de una mina.[6] Varios mineros que consideraban a Tom y al *Militante* como fuente de información veraz sobre su lucha y las de otros trabajadores se indignaron cuando se enteraron que había personas a las cuales se les negaba, por la fuerza física, el derecho a vender el *Militante*. Según lo expresaron algunos de ellos, lo que les molestaba especialmente era la idea de que a los mineros se les negara el derecho a leer el *Militante*. Tom organizó una campaña de telegramas y todos enviaron mensajes.

Tom también participaba en discusiones que surgían en las asambleas sindicales sobre seguridad y salud, el congreso y otros temas. Al igual que con Mary, la fracción

---

6. En junio de 1979, mientras vendían el *Militante* a la entrada de la mina Concord de la empresa US Steel en Birmingham, Alabama, Nelson Blackstock y Eric Flint fueron golpeados brutalmente por matones armados con bates de béisbol y llaves inglesas. Miembros del Sindicato Unido de Mineros en todo el país y otros sindicalistas condenaron el ataque inspirado por la compañía.

evaluaba en qué cuestiones concentrarse, y Tom usaba su buen criterio para decidir cuándo participar.

Cuando vamos a trabajar en las minas, tenemos que demostrarles a los demás mineros de qué lado estamos. Tenemos que demostrar que estamos del lado del sindicato —del trabajador— y en contra de los patrones. Ese es nuestro lado también, por supuesto, pero los mineros no lo saben. ¿Cómo podrían saberlo? Han oído durante años las mentiras anticomunistas de la compañía sin que nadie las rebata, y han observado varias agrupaciones maoístas y otras corrientes ultraizquierdistas que estuvieron antes que nosotros en las minas. Cuando oyen que eres socialista, muchos suponen al principio que estás en contra del sindicato y que vas a ser un obstáculo en la lucha por los intereses de los mineros.

Nosotros demostramos con nuestras acciones y nuestras discusiones que somos efectivos luchadores por el sindicato y por la clase trabajadora.

Desactivación de una caza de brujas
Otro ejemplo que quiero dar es el de nuestra compañera en las minas de Alabama, Susan Ellis. Aquí hubo circunstancias especiales. Susan comenzó a trabajar en el verano de 1979, poco después de que la caza de brujas anticomunista alcanzara su punto máximo en la mina No. 4 de la compañía Jim Walter en Brookwood, cerca de Birmingham.

Lo que queríamos, por supuesto, era que Susan llegara a ser conocida por sus compañeros de trabajo como socialista con ideas sobre todo tipo de cuestiones y propuestas de cómo luchar por nuestra clase y ganar. Pero era evidente que sería un proceso un poco más largo. Íbamos a tener que dejar que el ambiente anticomunista en las minas del área de Birmingham se enfriara un poco.

Esa evaluación se confirmó cuando Susan comenzó su curso de capacitación de dos semanas. El instructor de la compañía dedicó una buena parte de la clase hablando sobre las "chicas comunistas" en Brookwood No. 4; amenazó con lastimar o hasta matar a cualquier "comunista" en su mina (abordaré ese incidente más tarde). El propósito era intimidar no solo a los socialistas sino a todas las mujeres en la mina.

Nuestra orientación fue que Susan hiciera amistades, aprendiera acerca del sindicato, se familiarizara con temas como la seguridad y salud y las leyes de minería a cielo abierto en Alabama. Ella hizo exactamente eso. Ella ha pasado por experiencias que van desde reclamos laborales hasta una huelga. Es conocida como alguien que está a favor de los sindicatos y una minera que cree firmemente, junto con otras trabajadoras, que las mujeres deben tener igualdad de oportunidades en las minas.

Ella estaba en una situación favorable cuando se celebró la Conferencia de Mujeres del UMWA en noviembre de 1979. Habló al respecto con algunos de sus amigos en la mina y después con la dirección del local. No hubo objeciones y ella fue a la conferencia. Al regresar, habló con varias personas que estaban interesadas, especialmente otras mujeres. Les contó acerca de la marcha auspiciada por Sindicatos Pro Igualdad de Derechos Ya (Labor for Equal Rights Now) que se hizo el mes pasado en Richmond.[7] Trabajó para que otros fueran a la marcha, y ella misma participó, con el conocimiento de algunos mineros

---

7. Labor for Equal Rights Now (LERN, Sindicatos Pro Igualdad de Derechos Ya) era una coalición de sindicalistas que se creó en Virginia en 1977 para apoyar la Enmienda Pro Igualdad de Derechos. El 13 de enero de 1980 organizó una manifestación nacional de 5 mil personas en Richmond, Virginia, a favor de que la ERA fuera aprobada a nivel nacional.

y la dirección del sindicato local.

Susan aún no es conocida en su mina como socialista. Pero continúa sumándose a las luchas que surgen y haciendo trabajo político en torno a cuestiones sociales importantes como la Enmienda Pro Igualdad de Derechos. Seguirá expresando sus opiniones sobre muchas cuestiones. Y cuando el momento y el tema sean propicios, les dirá a algunos compañeros de trabajo que la suma de todas estas opiniones es lo que significa ser miembro del Partido Socialista de los Trabajadores.

∽

A medida que más compañeros y compañeras han entrado a las minas en los últimos meses, nos basamos en lo que hemos aprendido con nuestras experiencias iniciales. Fuimos paso a paso con cada uno, integrándonos a la fuerza laboral, con discusiones de toda la fracción sobre cada nuevo paso. Esto no impidió que los compañeros tomaran iniciativas, sino más bien les dio confianza para actuar con toda la audacia que su situación les permitía.

Como parte del trabajo de los últimos dos años, hay un avance a nivel nacional en el UMWA en que nuestras reducidas fuerzas pueden haber tenido un impacto: el papel de las mujeres en el UMWA. No somos una parte insignificante de este gran cambio en las zonas mineras. En 1973, según los registros, no había mujeres en las minas subterráneas. Hoy hay más de 2500 mineros subterráneos que son mujeres, y tenemos 10 compañeras en las minas. Si lo consideras por un momento, es un porcentaje bastante grande. Somos parte integral de este nuevo avance.

A medida que las mineras comenzaron a desarrollar un poco de confianza, y con la iniciativa y el patrocinio necesarios del Proyecto de Empleo en las Minas de Carbón (Coal Employment Project), el primer encuentro de mujeres mineras se celebró en junio de 1979.⁸ Se debatieron los problemas cotidianos que enfrentan las mujeres en las minas, y las compañeras que participaron dicen que se podía ver a las mineras cobrar más y más confianza a medida que avanzaba la conferencia. Nosotros —"nosotros" en ese momento eran solo dos compañeras, Mary Zins y Clare Fraenzl— jugamos un papel clave para evitar que los maoístas y otras sectas produjeran un revés para los derechos de las mujeres en el UMWA. Los maoístas llegaron con planes de usar a estas mujeres para atacar al liderazgo de Miller. Nosotros llegamos con la esperanza de promover este nuevo acontecimiento de mujeres sindicalistas que luchaban por sus derechos.

Es posible que la posterior conferencia oficial de mujeres organizada por el UMWA no habría ocurrido si no hubiéramos propuesto en la conferencia del CEP que la próxima fuera patrocinada por el sindicato. Esto fue popular entre las mujeres en las zonas mineras, y gracias a esta presión se hizo la convocatoria a una conferencia nacional de mujeres del UMWA para noviembre de 1979 bajo la firma de Arnold Miller.

A pesar de que se anunció con poco preaviso, nosotros promovimos la conferencia de todas las maneras posibles. Dos compañeras fueron enviadas a la conferencia como delegadas oficiales de sus locales, con la tarea de dar in-

---

8. El encuentro auspiciado por el Proyecto de Empleo en las Minas de Carbón (Coal Employment Project, CEP) se celebró en Institute, Virginia del Oeste, cerca de Charleston. Participaron unas 200 personas, incluidas 75 mineras de Virginia del Oeste, Pennsylvania, Illinois, Kentucky, Virginia, Nuevo México y Wyoming. El CEP se había formado en 1977 para ayudar a las mujeres a conseguir trabajo en minas subterráneas. Dirigido por Betty Jean Hall, abogada de Kentucky oriental, también se solidarizó con huelgas del UMWA y otras actividades sindicales. Al disminuir el número de mujeres en las minas, el CEP dejó de funcionar en 1999.

formes a sus asambleas sindicales locales a su regreso. Casi todas nuestras compañeras lograron que compañeras de trabajo las acompañaran a ese encuentro.[9] Nuestra orientación era promover la confianza de las mujeres en las minas y fortalecer la conciencia de clase de los mineros sobre los programas de acción afirmativa, y *no* de organizar a las mineras como oposición a la dirección del UMWA. Hablamos a favor de la marcha de Sindicatos Pro Igualdad de Derechos Ya (LERN), a realizarse en Richmond en enero, a un público entusiasta. Vendimos el *Militante* y conocimos a muchas personas; hemos mantenido el contacto con algunas de ellas.

En casi todas las minas donde tenemos compañeros, pudimos hablar sobre la marcha de LERN en nuestros sindicatos locales. Un local le dio su respaldo oficial. En algunos locales hablamos a favor de la marcha, pero no cometimos la insensatez de pedir que se votara al respecto, porque habría sido derrotada. Pero en casi todos nuestros locales hubo una verdadera discusión de qué es la Enmienda Pro Igualdad de Derechos, qué significa para las mujeres y los hombres, qué efecto tendría en el sistema de antigüedad, etc.

Nuestro trabajo más importante se hizo entre compañeros de trabajo. La fracción se esforzó por promover un contingente del UMWA en la marcha, y fue todo un éxito.

Lecciones de un revés

Sí tuvimos un importante revés durante nuestros primeros dos años de trabajo: fue en la mina No. 4 de la Jim Walter en Brookwood, Alabama. Fue un revés que nosotros mis-

---

9. Setenta mineras participaron en la conferencia patrocinada por el UMWA sobre "Mujeres sindicalistas en las minas", celebrada el 10 de noviembre de 1979 en Charleston, Virginia del Oeste.

mos creamos. Y fue algo tremendo. La fracción minera tiene la responsabilidad hacia sí misma y hacia el partido de hacer una evaluación clara de lo que sucedió y por qué. Y de sacar las lecciones.

Cuando dos compañeras, Sara Jean Johnston y Ellen Bobroff, fueron contratadas en Brookwood No. 4 en junio de 1979, nos encontramos en medio de una guerra entre la empresa minera Jim Walter y el UMWA. La Jim Walter pretendía destruir el sindicato local. En un artículo firmado que se publicó en el *Militante*, Sara y Ellen describieron la situación citando a Dave Lawson, el inspector de seguridad laboral de la sede internacional del UMWA, quien había presentado un informe en la primera asamblea de miembros del sindicato local a la que asistieron Sara y Ellen.

Lawson, según lo citaron las autoras, afirmó: "Nunca en mi vida vi una montaña tan grande de violaciones [de seguridad] en una mina, y el estado no hace nada". Continúa la cita: "Hermanos y hermanas, tenemos una bomba de tiempo en esta mina a punto de estallar. Y los únicos que pueden detenerla son ustedes, los mineros. En ese convenio tenemos una cláusula sobre las condiciones de seguridad, y tenemos que obligar a Jim Walter a cumplirla.

"Entiéndanlo bien. Cuando el UMWA entabló cargos contra esos capataces, le declaramos la guerra a Jim Walter, y les puedo asegurar que ellos van a tratar de aplastarlos por todos los medios posibles".

Este era un sindicato local combativo que estaba luchando por su vida. En los dos años que hemos estado en las regiones del carbón, no hemos vivido otra situación ni remotamente parecida a lo que se jugaba aquí. Si Jim Walter hubiera logrado destruir este local, otras minas en la región de Birmingham habrían sido las próximas. Esa era la situación en la que entramos.

Otro frente en esta lucha, pero secundario a la guerra por las condiciones de seguridad, eran los intentos de la compañía de debilitar y dividir a la fuerza laboral discriminando contra las mineras, muchas de las cuales eran nuevas empleadas en las minas. Poco después de haber comenzado a trabajar allí, nuestras compañeras se sumaron a un reclamo por el pago de salarios adeudados que el sindicato entabló a nombre de varias mineras, y el reclamo se ganó.

Fue ahí, justo al principio, donde comenzamos a cometer errores, de los cuales se responsabiliza toda la dirección de la fracción. Ellen y Sara ya no están trabajando en la mina, pero las invitamos a esta reunión de la fracción para que participaran con nosotros en la discusión sobre esta experiencia.

El problema fundamental fue que la fracción no pensó y discutió de manera cuidadosa y colectiva las acciones que estábamos emprendiendo y sus consecuencias para el sindicato y para los trabajadores de la Brookwood No. 4. Éramos nuevos en esa mina. Necesitábamos evaluar la situación. Necesitábamos escuchar y aprender. Necesitábamos tiempo para establecer amistades y ganarnos respeto como trabajadores y sindicalistas.

Al escribir un artículo para el *Militante* sobre una asamblea sindical a puerta cerrada, citando extensamente a un funcionario del UMWA, pusimos en marcha toda una cadena de sucesos. El hecho de que lo firmaran dos compañeras que apenas habían trabajado en la mina unas pocas semanas agravó enormemente el daño.

En la reunión de la fracción nacional en Ohio una semana después, profundizamos los errores. Todas las señales estaban a la vista, y deberíamos haberlas visto. Pero no nos resultaba claro que había una guerra en la Brookwood No. 4 entre el UMWA y la compañía. Teníamos que asimilar ese hecho *antes de hacer nada*. Pero no organizamos ninguna discusión concreta sobre lo que sucedía en la mina. Más bien, la fracción tuvo una discusión de cómo, en general, nuestros compañeros en las minas estaban encontrando formas de plantear temas políticos y hacerle saber a la gente que eran socialistas. Las dos compañeras salieron de la reunión con la idea de que regresarían y mostrarían ese número del *Militante* a algunos amigos en la mina. La fracción nacional de mineros ya había tenido experiencias y discusiones sobre la cuestión de artículos firmados acerca de asambleas sindicales. Con un poco de atención, podríamos haber cambiado el rumbo desastroso que estábamos siguiendo. La reunión de la fracción debió haber sacado la lección de que había sido un error publicar el artículo en el periódico, y después debió haber decidido que las compañeras *no* venderían esa edición en Birmingham, con la esperanza que nadie más se lo enviara a la compañía.

El artículo les dio a la compañía y a sus agentes derechistas el pretexto que buscaban. La campaña anticomunista y la violencia que fueron desatadas cambiaron rotundamente la correlación de fuerzas. El sindicato, que había sido una fuerza unificada en la guerra con la compañía, se volvió hacia dentro; los miembros comenzaron a pelear entre sí sobre "comunismo". Lo que la compañía no había logrado con sus ataques a los derechos de las mujeres y otras tácticas, lo logró con el anticomunismo. Dividió el sindicato y desvió la lucha, alejándola de la guerra por las condiciones de seguridad.

No era nuestra intención, por supuesto, pero ese fue el resultado. Obstaculizamos la lucha de los mineros contra la compañía y dejamos que los patrones le propinaran un duro golpe al sindicato. Nos convertimos en un obstáculo al fortalecimiento del sindicato.

Nuestras acciones también llevaron a una grave victimización de nuestras compañeras y de otros mineros en Brookwood. Les pusieron bombas incendiarias en sus autos, les cortaron las llantas y pusieron su vida en peligro. El ambiente de terror intimidó a todos. Los compañeros de trabajo que acudieron en nuestra defensa eran buenas personas, valientes, y nos ayudaron tomando un gran riesgo personal. Pero no se justifica lo que hicimos simplemente porque no estuviéramos totalmente aislados a pesar de ser nuevos y a pesar de nuestros errores. Los mejores entre los trabajadores sabían que habría sido un revés aún más grande para el sindicato si alguien hubiera resultado lastimado por los matones de derecha. Ellos nos ayudaron por esa razón.

Tenemos que asumir responsabilidad por el daño causado a otros mineros que fueron victimizados a raíz de nuestras acciones. Los patrones no juegan. Lo que *nosotros hacemos* tiene un impacto en los acontecimientos y en otras personas, en su vida y sustento. Es una responsabilidad que nos debe hacer pensar.

Fueron todos estos factores los que llevaron al partido a la decisión de que Sara y Ellen se salieran de la mina.

A medida que nuestro partido se adentre más y más en la clase trabajadora y los sindicatos, y a medida que se produzcan más escaramuzas, y de mayor envergadura, en la lucha de clases, enfrentaremos nuevamente este tipo de situación. Nos ganaremos más respeto político y reclutaremos a nuestro partido a partir de nuestro programa y nuestras capacidades como dirigentes, lo cual se demostrará con nuestras acciones.

Pero ser dirigentes no significa ser el centro de atención. Más bien es la capacidad, junto con otros trabajadores, de conducir a nuestra clase a la victoria. Tenemos que co-

"Los comunistas actuamos de manera abierta y audaz en el trabajo junto a compañeros de trabajo. Presentamos quiénes somos y qué defendemos, sin pretender ser otra cosa". — Jack Barnes, 2019

Bluefield Daily Telegraph

Socialist Workers' Candidate Suspended From Mining Job

Suspendido candidato socialista de puesto minero

Mineros combaten recortes en seguridad, despidos

CHARLESTON (AP) — William Hovland, the Socialist Workers candidate for U.S. Senate, says his suspension from his coal mining job is "an attack on the right of workers to run for office."

"My discharge is part of a concerted and frontal assault on UMW Local 2095 at the Kitt mine," Hovland said. "This is part of an overall attempt by corporations in this country to bust our unions.

"As a candidate for U.S. Senate, I believe this is an attack on the right of workers to run for office."

30 DE SEPTIEMBRE DE 1982

THE MILITANT
A SOCIALIST NEWSWEEKLY PUBLISHED IN THE INTERESTS OF WORKING PEOPLE

Miners fight safety cuts, firings

BY JOHN STUDER

PHILIPPI, West Virginia — A victory has been won in an ongoing battle taking place here between Old Ben Coal, a subsidiary of Standard Oil of Ohio (SOHIO), and 600 members of United Mine Workers Local 2095 at Kitt mine #1.

This running battle came to a head on September 22 when Old Ben framed up and "suspended with intent to discharge" miner Bill Hovland.

Hovland has worked in the mine since January 1981. He is currently on the ballot as Socialist Workers Party candidate for U.S. Senate in West Virginia.

As a number of miners put it, Hovland's suspension was "the straw that broke the camel's back."

On October 4 the miners in Local 2095 won Hovland's job back.

Over the last year, miners at Kitt #1 have been subjected to a deepening company campaign to worsen working conditions, slash safety in the mine, and to victimize union activists.

Kitt #1 has a reputation as one of the most dangerous mines in Mine Workers district 31, which covers northern West Virginia.

15 DE OCTUBRE DE 1982

Virginia del Oeste, septiembre 1982: Unos 600 miembros del sindicato minero en la mina Kitt #1 pararon la producción de carbón por tres días en protesta por despido de Bill Hovland (foto). Él era candidato del PST al Senado. Gracias al paro, ocurrido en medio de despidos y ataques a condiciones de seguridad, Hovland recuperó su trabajo.

La Kitt #1, propiedad de Standard Oil of Ohio, tenía la mayor tasa de accidentes en la región y una con las concentraciones más altas de gas metano en el país. Había sufrido cuatro derrumbes de techo.

El despido de Hovland fue "la gota que colmó el vaso", díjo un compañero de trabajo. Y los mineros obligaron a los patrones a ceder.

nocer la diferencia entre una victoria y una derrota. En la mina Brookwood No. 4, no hubo victoria alguna. El UMWA no es un sindicato débil. Pero la lucha sufrió un importante revés.

El partido también sufrió un revés. Perdimos la oportunidad de establecernos como sindicalistas serios y efectivos y militantes con perspectiva de lucha de clases. Perdimos la oportunidad de adquirir experiencia y reclutar al partido. Dejamos a los obreros de toda una mina —y a sus compañeros de trabajo y amigos que trabajan en otros lugares— confundidos sobre lo que es el Partido Socialista de los Trabajadores, y expuestos a las calumnias de la compañía contra nosotros. Es una situación que no podremos cambiar de la noche a la mañana.

Lo que tenemos que hacer ahora es aprender las lecciones y seguir desarrollando nuestra fracción. Nuestro objetivo es establecer una fracción grande de mineros en Alabama, y estamos seguros de que la rama en Birmingham podrá hacerlo.

No hay garantías contra la victimización mientras participemos en la lucha de clases. Eso depende de la correlación de fuerzas, que está más allá de nuestro control. Nuestra responsabilidad es reducir al mínimo la victimización *innecesaria*: de nosotros y, aún más importante, de los que salen en nuestra defensa y después quedan atrás cuando ya no estamos ahí.

Una lección importante es que las tácticas siempre son concretas. No hay fórmulas universales. Cada paso requiere un trabajo colectivo y una dirección competente. Por eso tenemos fracciones. Por eso tenemos un partido.

La formación de un burócrata sindical

MARVEL SCHOLL

Scholl, cuadro del Partido Socialista de los Trabajadores durante 50 años, fue una dirigente del comité auxiliar de mujeres durante las huelgas de 1934 y la campaña de sindicalización, dirigidas por el Local 574 (luego 544) del sindicato de camioneros Teamsters en Minneapolis, Minnesota. Formó parte del personal de la Sección de Trabajadores Federales de ese sindicato local, que organizó a los desempleados para luchar por sus intereses durante la Gran Depresión. Scholl contribuyó al *Northwest Organizer*, el semanario de los Teamsters en Minneapolis. En los años 60 y 70 escribió frecuentemente para el *Militante*, incluyendo, por muchos años, la columna "Línea de Piquetes Nacional". El siguiente artículo apareció en la edición del *Militante* del 14 de abril de 1972.

El *Militante* tiene muchos lectores nuevos, muchos de los cuales nunca han pertenecido a sindicatos. Por tanto, es posible que las palabras "burócrata" y "burocracia" al hablar del movimiento obrero organizado no tengan mucho sentido, o puedan confundirse con los empleados del gobierno que enredan todo en trámites y papeleos a fin de mantener intacto el actual estado de cosas.

Si bien hay muchas similitudes entre la burocracia del gobierno y la sindical, existe casi la misma cantidad de diferencias, especialmente en *cómo* los diversos tipos de burócratas o burocracias llegaron a ser lo que son.

La cúpula sindical, especialmente en los niveles más altos, está compuesta de funcionarios electos que han interpretado las constituciones de su sindicato internacional de manera de poder prácticamente perpetuarse en sus cargos. Algunos de ellos se mantienen de por vida, pero la mayoría, en todo caso, hasta mucho después de haber agotado su utilidad. Esto se hace amañando los congresos donde eligen a la mayoría de los funcionarios internacionales, o usando cuestionables métodos de votación por referéndum. Pero los hombres y mujeres que forman parte de esa selecta camarilla no son de quienes quisiera hablar.

Son los hombres y mujeres en los niveles bajos y medios de la jerarquía, los agentes de negocios y los organizadores, quienes necesitan ser examinados. Estas personas están directamente encargadas de mantener a raya a los miembros de filas, vigilarlos en situaciones de huelga y sacarlos a votar por los "amigos de los trabajadores" en el Partido Demócrata.

Algunos de estos funcionarios sindicales de bajo nivel "se metieron en el pastel" —como dicen los trabajadores al referirse a los que se cuelan en la nómina del sindicato con mezquinas intenciones— haciendo alarde de su combatividad en la fábrica para promover sus propias ambiciones ante todo.

Pero muchos otros llegaron allí por otra vía: fueron ascendidos de categoría para que dejaran de estorbar a la patronal y también a los farsantes sindicales.

La formación de un burócrata sindical 163

Tomemos un ejemplo no muy imaginario de un militante sindical que fue transformado en típico burócrata. Joe Jones trabajaba en la línea de montaje en una fábrica automotriz, junto a su mejor amigo, Jack. Las familias de ambos mantenían una estrecha relación social. Jack era un buen militante sindical, pero no era muy audaz. Él veía a Joe como dirigente, y lo apoyaba como representante del comité sindical de reclamaciones del departamento. Joe se esforzaba tratando de resolver los muchos reclamos que tenían los obreros de filas. Creía honestamente en hacer cumplir el convenio al pie de la letra.

Joe era veterano de la Segunda Guerra Mundial y se afilió al sindicato después de su baja del ejército. Venía de una vieja familia de sindicalistas. Tanto su padre como su abuelo habían participado en la gran ola de huelgas de los años 30. Joe había escuchado muchas anécdotas suyas sobre los días en que las filas de estos nuevos sindicatos industriales controlaban a su propia dirección.

Como delegado del comité de quejas, trataba de hacer su trabajo. A los ojos de la empresa como también de la jerarquía sindical local, se convirtió en un "tábano". En una ocasión, encolerizado por el creciente número de quejas sin resolver en su archivo, se peleó con un capataz y lo despidieron. La noticia corrió por la fábrica como pólvora y todos los hombres abandonaron sus puestos. Joe recuperó su puesto.

Ahora tanto la patronal como los farsantes sindicales sabían que algo tenían que hacer con Joe.

La gerencia decidió ofrecerle un trabajo de supervisión: un viejo truco que a veces lograba convertir a un ex militante sindical en uno de los mejores hombres de la compañía.

Pero los funcionarios sindicales se adelantaron a la compañía. Habían conversado acerca de Joe y decidieron que la mejor forma de manejarlo era "patearlo hacia arriba", ponerlo en la nómina del sindicato. Después de vacilar un poco, Joe aceptó. Pensaba que en ese puesto estaría en mejores condiciones para ayudar a sus propios hombres en la fábrica.

Él comenzó así. Los otros organizadores le advirtieron que sus esfuerzos serían inútiles, pero él lo intentó de todos modos. Mantenía un contacto estrecho con sus antiguos amigos de la línea de montaje, visitaba la fábrica diariamente, y presionaba para tratar de forzar decisiones definitivas sobre quejas y violaciones. En las reuniones con la gerencia y los dirigentes sindicales por encima suyo, comenzaba a tener la sensación de que estaba peleando contra dos enemigos.

Se quejaba mucho y contempló regresar a su puesto en la planta, pero su salario mucho mayor como funcionario sindical se interpuso en el camino. Su familia ahora tenía un nuevo hogar en un vecindario mucho más lindo y también un auto nuevo. Esta "mejor forma de vida" estaba cambiando toda su perspectiva. Dejó de visitar la planta todos los días. Evitaba a los delegados del comité de reclamaciones que siempre iban tras él cuando llegaba a la planta. Pasaba menos y menos tiempo socializando con Jack, su mejor amigo.

No se quería mucho a sí mismo, pero se aferró a la idea de que todavía podía hacer algo concreto para los trabajadores de la planta.

Poco a poco, se fue acomodando en su nuevo papel, comenzó a aceptar las frustraciones que le acompañaban, y se convirtió en otro burócrata más de bajo nivel: un "dirigente" siempre atento a posibles ascensos en la jerarquía.

Sus antiguos amigos cercanos vieron cómo Joe se fue transformando de combativo militante en funcionario sindical bien adiestrado, amansado y satisfecho: un funcionario que ellos no podían quitar. No lo habían elegido, así que no podían recurrir a las disposiciones de la constitución del sindicato para revocarlo.

Joe más y más le fue siguiendo la corriente a la burocracia sindical a nivel distrital y local y a la dirección internacional. Había sido domesticado.

El viraje y la construcción de un movimiento comunista mundial

El siguiente informe fue aprobado en noviembre de 1979 por un congreso mundial de la Cuarta Internacional.[1] Jack Barnes dio el informe a nombre del Secretariado Unificado, el organismo directivo electo de la Internacional. El voto fue de 77 a favor y 17 en contra, con 19 delegados que se abstuvieron o no votaron.

Sin embargo, al contrario del curso que siguieron el PST y partidos en varios otros países, las direcciones de la mayoría de las organizaciones representadas en el congreso no realizaron el viraje a la industria que se había aprobado, y pronto crecieron las diferencias políticas sobre otras cuestiones. A finales de los año 80, el PST y las Ligas Comunistas en Australia, el Reino Unido, Canadá, Francia, Islandia, Nueva Zelanda y Suecia decidieron poner fin a su afiliación a la Cuarta Internacional tal como había evolucionado, para continuar la

---

1. Ver el glosario: Cuarta Internacional.

trayectoria internacionalista proletaria trazada por Lenin y la dirección fundadora de la Internacional Comunista.

De la resolución política presentada a este congreso por la mayoría del Secretariado Unificado, se desprende una consecuencia práctica fundamental que *prima sobre todas las demás*. Las secciones de la Cuarta Internacional deben realizar un *viraje radical* organizándose inmediatamente para que la gran mayoría de nuestros miembros y dirigentes se incorporen a la industria y a los sindicatos industriales.

No voy a repasar detalladamente los cambios estructurales, demográficos y económicos que sustentan esta decisión. La resolución política destaca el creciente peso del proletariado en los tres sectores de la revolución mundial: las potencias imperialistas, los países donde se han derrocado las relaciones sociales capitalistas y las naciones oprimidas de Asia y el Pacífico, África y el Medio Oriente, y América Latina y el Caribe. Destaca los estallidos urbanos y las formas proletarias de organización que han sido, y en los próximos años seguirán siendo, el eje central de los ascensos revolucionarios.

Hay otras dos consideraciones que se combinan con estos factores estructurales que subyacen el viraje. Por una parte, está el estancamiento a largo plazo del sistema capitalista mundial y la ofensiva antiobrera que esto engendra. Por otra, al entrar en esta crisis, la burguesía enfrenta una clase trabajadora que no ha sido derrotada.

A esta crisis *capitalista* se agrega la creciente crisis del *sistema imperialista mundial*.

Todo esto hace que la situación mundial sea más, y no menos, explosiva. Significa que podrían desatarse fuerzas incontroladas, engendradas por las acciones de los opresores o por las de los oprimidos. Lo hemos presenciado en Irán, Granada y Nicaragua durante el último año. Y este polvorín no se limita al mundo semicolonial.

Superpuesto a estos elementos, hay otro factor coyuntural muy importante: la recesión mundial de 1974–75. Fue la primera recesión generalizada a escala mundial desde los años 30. Esto ha desencadenado definitivamente en todo el mundo una creciente campaña de la clase dominante contra la clase trabajadora, contra todos los oprimidos, y contra los derechos políticos que las masas necesitan para organizarse y resistir. No se trata de una táctica o política a corto plazo de los gobernantes. Es una política fundamental que las realidades económicas los *obligan* a llevar a cabo.

El blanco de ataque de esta campaña de austeridad en última instancia es el proletariado industrial, por las mismas razones que los obreros industriales han ocupado un papel central en nuestra estrategia desde la fundación del marxismo. Estas incluyen: la fuerza económica de la clase obrera industrial; su peso social; el ejemplo que sientan para toda la clase. A esto se agrega la capacidad de sus sindicatos de afectar los salarios, las condiciones y, por ende, todo el marco social de la lucha de clases; su fuerza política potencial frente a la clase enemiga; el obstáculo que representan ante las soluciones derechistas de la burguesía.

Los obreros industriales son la fuente de la mayor parte de la plusvalía de la clase dominante, que se reparte entre los sectores rivales del capitalismo (industrial, bancario, comercial y demás) mediante la competencia nacional e internacional. En el actual mundo de crisis, con un estancamiento de ganancias en la expansión de fábricas y equipos industriales, va creciendo el peso de lo que Marx llamaba capital ficticio en la división entre los capitalistas que compiten por la riqueza creada por la transformación de la naturaleza mediante el trabajo productivo.

Los obreros industriales son los productores de la mayor parte de *toda esta plusvalía*, independientemente de cuáles de los rivales capitalistas se lo acaparan: manufactureros, comerciantes mayoristas o minoristas, intereses inmobiliarios o banqueros y especuladores financieros. La clase obrera industrial es el enemigo definitivo que la clase dominante capitalista debe vencer para revertir la crisis económica y social de su sistema de ganancias.

La clase dominante no puede darse el lujo de que estos obreros industriales organicen *solidaridad* con otros trabajadores, con los oprimidos y con sus aliados en el mundo. No puede permitir que los obreros industriales desarrollen la *democracia sindical* con el fin de organizar y utilizar la fuerza de la clase trabajadora: sobre todo porque el empleo decisivo de esa fuerza puede sentar un ejemplo para todos los explotados y oprimidos.

En otras palabras, sin una inmensa batalla, los gobernantes no van a permitir la evolución —la *organización*— de un *ala izquierda con perspectiva de lucha de clases en el movimiento sindical.*

La ofensiva de la clase dominante aumenta las presiones sobre toda la clase obrera, sobre las minorías nacionales, las mujeres y toda persona explotada y oprimida que lucha por sus derechos. Intensifica las presiones sobre todos los que buscan un camino a seguir, especialmente los que buscan un camino revolucionario, una perspectiva de lucha de clases, alianzas progresistas. Todos los que buscan una perspectiva obrera independiente sienten estas presiones. Es un aspecto fundamental de la campaña de austeridad de los gobernantes capitalistas, de su ofensiva antiobrera, y esta se magnificará al profundizarse la ofensiva.

Como afirma la resolución política, la única posibilidad de revertir la crisis a largo plazo de los capitalistas es con una derrota suficientemente contundente de la clase obrera industrial como para poder reorganizar y reestructurar el capital, atacar con máxima fuerza todo resurgimiento de los pueblos coloniales e iniciar así un nuevo período de expansión.

¿Cuáles son las conclusiones que debemos sacar de todo esto para prepararnos? ¿A partir de qué probabilidades debemos actuar?

De que una radicalización de la clase obrera —aunque sea dispareja y con ritmos diferentes según los países— está a la orden del día.

De que la ofensiva de los gobernantes provocará grandes cambios en los sindicatos industriales.

Y de que lo esencial para los revolucionarios es formar parte del sector decisivo de la clase trabajadora, antes de estos enfrentamientos.

Es *ahí* donde hallaremos las fuerzas para forjar el núcleo de los partidos obreros revolucionarios. Es *ahí* donde conoceremos a los trabajadores jóvenes, al creciente número de mujeres trabajadoras, a los trabajadores de las nacionalidades oprimidas y a los trabajadores inmigrantes. Es en el seno de la clase obrera industrial donde los partidos revolucionarios encontrarán una respuesta a nuestro programa y reclutarán para nuestro movimiento.

También es importante examinar el viraje desde un punto de vista histórico más amplio. La actual composición social de nuestro movimiento es anormal. Se trata de un hecho histórico y no una crítica. En realidad, lejos de ser una crítica, fue la capacidad de nuestro movimiento, a partir de principios de los años 60, de reclutar a jóvenes de una nueva generación que se radicalizaba, muchos de ellos estudiantes, la que hoy presenta la posibilidad de llevar a cabo este viraje. Y esta *posibilidad* ahora coincide con una apremiante *necesidad* política.

Solo los partidos que sean proletarios, no solo en su programa sino en su composición y experiencia, podrán dirigir a los trabajadores y sus aliados en las luchas que están a la orden del día.

Solo los partidos de obreros industriales podrán resistir las presiones de la clase dominante, incluidas las presiones ideológicas. Y estas presiones van a aumentar.

Solo estos partidos podrán tomar el pulso de la clase trabajadora, y por lo tanto no confundirán sus propias actitudes, estados de ánimo e ignorancia con los de la clase trabajadora. En otras palabras, solo los partidos de obreros industriales podrán avanzar y proyectarse más ampliamente.

Solo los partidos obreros que hayan sido probados *en la acción* por los propios trabajadores, mucho antes de los enfrentamientos decisivos, podrán crecer y trazar un rumbo. Solo este tipo de partido podrá atraer y vincularse con las combativas corrientes de lucha de clases que se desprenderán al ahondarse la crisis de los liderazgos de las organizaciones reformistas y centristas.

Continuidad proletaria del marxismo
No estamos abriendo un camino nuevo en este sentido. En la historia del movimiento marxista, los partidos proletarios han sido los mejores: los más revolucionarios, los menos economicistas, los más políticos. Estudiemos a los bolcheviques. Estudiemos a Rosa Luxemburgo. Estudiemos los objetivos que se propuso la Cuarta Internacional, con la orientación y la dirección de Trotsky, a fines de los años 30.

Efectivamente, es la tradición y orientación proletaria de la Cuarta Internacional la que nos permitió llegar adonde estamos hoy como organización revolucionaria unificada a escala mundial, una organización que cuenta con cuadros para llevar a cabo este viraje. Y el viraje —organizado y aplicado de manera universal— es la única vía para mantener y nutrir nuestra orientación proletaria.

Al mismo tiempo, es imprescindible reconocer y afirmar claramente que el viraje *no* es una continuación de lo que hemos estado haciendo a nivel mundial. Es la vía por la cual podemos continuar nuestra orientación proletaria, pero para ejecutar este viraje a escala mundial, debemos efectuar una ruptura con lo que hacíamos. Por eso lo llamamos un *viraje*. Este viraje no nos dictará las tácticas. En cada país, nuestras tácticas y campañas están dictadas por la lucha de clases, por el conflicto de las fuerzas de clases. Pero el viraje afecta cada una de nuestras tácticas, todo nuestro trabajo político, todas nuestras instituciones y todos los aspectos del funcionamiento del partido. El viraje no es una condición *suficiente* para aprovechar las oportunidades que se nos presentan y hacer frente a las crisis que vive nuestra clase. Pero sí es una *precondición necesaria* para los próximos pasos. Sin ello, no podemos avanzar.

Eso es lo que plantea la resolución política mundial como la tarea central para toda la Cuarta Internacional: organizar y *conducir* a la gran mayoría de nuestros cuadros a la industria y a los sindicatos industriales "sin más demora".

"El objetivo", afirma la resolución, "es tener partidos de trabajadores-bolcheviques experimentados que actúen como dirigentes políticos de su clase y de sus aliados".

Lógicamente, no vamos a efectuar el viraje exactamente de la misma manera en cada país o en cada parte del mundo, tengamos 10 militantes o un millar. No obstante, por las razones políticas y organizativas ya señaladas, el viraje es *universal* para nuestro movimiento internacional, en los tres sectores de la revolución mundial. Hay que comprender esto para que podamos llevar a cabo esta tarea como partido mundial disciplinado.

Llega un momento cuando coinciden una oportunidad política, un hecho sociológico y una decisión de liderazgo. Este es uno de esos momentos. Para que nuestro movimiento pueda avanzar políticamente, debemos incorporar simultáneamente a nuestros cuadros y nuestro programa a los sectores decisivos de nuestra clase. De otra manera, seremos *parte* de la creciente crisis de dirección en el movimiento obrero mundial en vez de contribuir a resolverla.

Experiencias y lecciones

La resolución política para este congreso mundial se redactó hace poco más de un año y medio. Desde entonces, nuestro movimiento ha adquirido mucha más experiencia con el viraje. Hemos tenido ya la oportunidad de poner a prueba nuestras conclusiones y desarrollar un conocimiento más profundo de los hechos de lo que pudiéramos tener al momento de adoptar esta resolución. Este informe y debate nos ayudará a reconocer estas experiencias y estos cambios y, si se adopta el informe, a presentarlos por escrito a todo nuestro movimiento.

Desde luego, en la etapa actual, la implementación de este viraje no es igual de un país a otro. La situación política en los distintos países está en etapas diferentes de desarrollo. Algunas experiencias importantes se han dado en una sola sección o en un solo sector industrial. Podemos dejarlas a un lado en la presentación y discusión de hoy.

Pero hay toda una serie de experiencias comunes en todos los países donde realmente hemos iniciado el viraje: desde Irán hasta Canadá, Suecia y Nueva Zelanda. Estas lecciones comunes son decisivas en todos los países donde la Cuarta Internacional cuenta con fuerzas considerables. Son lecciones para el *liderazgo práctico* sobre el próximo paso a dar en la aplicación de esta tarea común.

¿Cuáles son las lecciones de estos últimos años? *Primero.* No hay manera de hacer el viraje a menos que la dirección de cada partido dirija. Esto significa que la dirección debe analizar el desarrollo de la lucha de clases e intervenir en ella hábilmente, para que los fundamentos políticos del viraje y su aplicación práctica siempre sean presentados claramente a nuestros cuadros.

No se puede lograr que los compañeros y compañeras hagan el viraje dándoles órdenes o avergonzándolos. Deben ser convencidos, estimulados y organizados políticamente por la dirección. Los miembros *están esperando* a ser dirigidos. Esa es nuestra experiencia universal.

Pero esto se puede lograr solo si la misma dirección entra a la industria. Nuestro objetivo es no solo que la mayoría de los miembros ingresen a la industria sino también la mayoría de nuestras instancias electas de dirección a nivel local y nacional. Solo este tipo de dirección puede llevar a cabo el viraje.

Segundo. El viraje debe abordarse de forma colectiva y no individual. Los compañeros no lo están haciendo por su cuenta. No se los envía a una fábrica para que luego se las tengan que arreglar solos. Cada vez que hemos hecho eso ha sido desastroso: así hemos perdido miembros por desmoralización, o porque se pasaron a nuestros adversarios, incluidos los estalinistas. El viraje es una tarea consciente del *partido* y no una tarea rutinaria de un pequeño grupo de militantes individuales.

Lo decisivo para hacer el viraje y llevar a cabo nuestra política en la industria no es lo que logren los compañeros como individuos, sino lo que hagan como fracciones y como parte del partido. Los miembros, con sus diversos puntos fuertes y débiles, trabajan en conjunto como unidad disciplinada del partido, y aprenden de sus éxitos y errores comunes.

Tercero. La experiencia nos ha enseñado que no hay forma gradual de llevar a cabo el viraje. Claro está, el viraje se desarrolla durante un período de tiempo. Los militantes entran a la industria en olas sucesivas, no todos a la vez. Pero el viraje no puede ser presentado o aplicado como una campaña gradual, rutinaria o parcial. Tiene que ser organizado y conducido como acto decisivo de toda la organización. Cada vez que se ha intentado hacerlo de otra manera, el viraje se estanca y da marcha atrás en vez de avanzar en oleadas. Si no reconocemos esto y no actuamos en ese sentido, vamos a fracasar.

Cuando juntemos las estadísticas de cada dirección nacional en la próxima reunión del Comité Ejecutivo Internacional, nos podremos dar una idea del progreso que hemos logrado —país por país— en conducir a una gran mayoría de los compañeros a la industria.

Cuarto. En cada uno de los países donde hemos progresado con el viraje, hemos aprendido —a veces por salidas falsas— que no puede haber empleos o categorías de empleos exentos, ni sectores del partido exentos de hacer este viraje. Dichas excepciones se convierten en excusas para no llevar a cabo el viraje, para no participar en él. Los sindicalistas que hoy trabajan *fuera* de la industria —en bancos, escuelas, empleados del gobierno, etcétera— tienen un papel especialmente importante que jugar para dirigir personalmente a cuadros del partido a la industria y aportar su experiencia en la construcción de nuestras fracciones. Pueden ofrecer una dirección política y práctica esencial.

Creo que ahora hemos superado un falso debate: el debate que opone el sector público al sector privado. Lo que importa no es si los compañeros reciben su salario de los capitalistas a través del gobierno o de un patrón privado. Lo que importa es que estemos en las fábricas, minas, centros de transporte, centros de comunicación, ya sean del sector público o privado. *Nuestro objetivo es entrar a la industria, formar parte de la clase obrera industrial.*

No comenzamos buscando dónde la mayoría de las mujeres están trabajando actualmente o dónde la burocracia está débil. Buscamos sitios donde nuestra clase está concentrada y donde, por necesidad, estallarán batallas de clases en el próximo período. Es ahí donde hará falta una decisiva dirección con perspectiva de lucha de clases, y donde debemos estar. Esa es la línea de la resolución.

Buscamos a dirigentes de la clase trabajadora: los que son considerados como dirigentes por otros trabajadores. Algunos ya han sido elegidos a cargos sindicales, pero no tenemos los ojos puestos en los dirigentes oficiales a ningún nivel. Reclutaremos a los mejores de ellos orientándonos a los *jóvenes rebeldes* de la clase trabajadora. Ellos serán decisivos para nosotros y para nuestra clase en los próximos tiempos. Son ellos a quienes queremos reclutar.

Quinto. Este reconocimiento del papel fundamental de los trabajadores jóvenes subraya la importancia de fundar, reconstruir o ayudar a fortalecer organizaciones revolucionarias de jóvenes. Tener una organización de jóvenes —que esté plenamente orientada al viraje a la industria— resulta *más* importante, no menos importante, al concentrar a nuestros cuadros en la industria y los sindicatos industriales.

El movimiento marxista mundial ha reconocido tradicionalmente la necesidad de las organizaciones juveniles proletarias como instrumento esencial en la construcción del partido. Cuando un creciente número de trabajadores jóvenes rechazan el capitalismo y se ven atraídos a ideas y alternativas radicales, esta necesidad se hace más apremiante. Estamos aprendiendo que debemos reconocer esto conscientemente como elemento indispensable del viraje para aprovechar las oportunidades y lograr lo máximo posible para nuestros partidos entre los trabajadores radicalizados.

Lo que no debemos esperar

Nuestras primeras experiencias con el viraje nos enseñan también lo que debemos decirles a los compañeros de lo que *no* deben esperar.

No podemos prometer un reclutamiento rápido. Eso depende del desarrollo de la lucha de clases, el grado de politización de la clase trabajadora y las capacidades del partido.

No prometemos que el viraje resolverá otros problemas que enfrenta el partido. Pero sí podemos garantizar que el viraje nos coloca en la mejor posición para resolver esos problemas y aprovechar las oportunidades. Sin el viraje, podemos garantizar el desastre.

Por último, no prometemos que el viraje será fácil y sin dificultades. No lo será. Es diferente de todo lo que hacemos normalmente y a lo que nos hemos acostumbrado. No es un cambio de línea política o la rectificación de un error político. No es un cambio de táctica. No es el comienzo de una nueva campaña.

El viraje significa un cambio en la vida de miles y miles de compañeros y compañeras. Eso sí es diferente. Y requiere dirección.

En todos los lugares donde hemos comenzado a efectuar el viraje de manera sistemática y completa, hemos perdido a algunos miembros individuales. Hay algunos para quienes el viraje plantea rotundamente lo que están haciendo con su vida, cuáles son sus compromisos y prioridades personales.

Pero la lección más importante que hemos aprendido es que el viraje permite conservar a compañeros. Evita la desmoralización y despeja el malestar que siempre surge cuando nuestros partidos no cuentan con los necesarios fundamentos políticos y organizativos en el corazón de nuestra clase. Ofrece una perspectiva así como una base realista a partir de la cual podemos avanzar en nuestro trabajo. Afloran capacidades insospechadas entre los compañeros cuando entran a la industria como parte de una fracción fuerte.

Esto es un aspecto vital del viraje, y también un motivo de por qué debe hacerse rápidamente y con una dirección decisiva.

Algunas conclusiones organizativas

A partir de nuestras primeras experiencias, también hemos extraído conclusiones sobre cuestiones organizativas importantes que tienen que ver con el viraje. Todas las formas organizativas de nuestro partido deben subordinarse a la aplicación del viraje.

Uno. Los compañeros que ingresan a la industria tienen que actuar como fracciones, conjuntamente, como unidad, no importa cuál sea el término que utilicen las distintas organizaciones de nuestro movimiento mundial. Necesitan vías estructuradas y formales para tomar decisiones de manera democrática, para estar cohesionados políticamente, para resolver problemas y para integrar y desarrollar a nuevos compañeros que entran a la industria o que son reclutados ahí.

Si eso no se hace, podemos terminar por aislar, desmoralizar y al final perder a compañeros. Empiezan a sentirse personalmente responsables de anotar logros para el partido y a culparse personalmente por cualquier fracaso o revés. Así hacemos el trabajo en los demás ámbitos y así debemos efectuar el viraje. Es imprescindible organizar y dirigir a los militantes a través de las fracciones. Y la dirección del partido debe prestar atención detallada al trabajo de las fracciones.

Dos. A medida que incorporamos a más compañeros a la industria, es esencial que la dirección del partido mantenga nuestras unidades básicas —nuestras ramas, o cualquiera que sea el nombre— como *organismos políticos integrales*. Deben ser de un tamaño suficientemente grande y estar organizadas políticamente de manera que los miembros adquieran algo que no pueden obtener a través de las fracciones industriales. Estas unidades básicas del partido deben brindar, de manera amplia, la experiencia política, la dirección, la educación marxista y la discusión política que los compañeros solo pueden obtener del partido en su conjunto.

El no hacer esto hasta puede convertirse en un obstáculo en combinar lo que suele llamarse trabajo sindical o trabajo en las fábricas con una actividad política socialista más general.

Por supuesto, esto no resuelve ninguno de nuestros problemas tácticos de cómo vincular el trabajo en las fábricas, el trabajo sindical, a otras tareas y campañas del partido. Estos se resolverán concretamente en cada organización y en cada situación específica.

Pero para evitar problemas innecesarios, es imprescindible organizar a los compañeros en la industria de manera que sean miembros activos de unidades políticas integrales del partido, y en las cuales tengan facultades de decisión y responsabilidades políticas regulares y sistemáticas.

Tres. El viraje exige una mayor profesionalización del partido y a la vez le ayuda a lograr esa meta. El viraje hace más apremiante y más real nuestra norma de que cada compañero, cada trabajador-bolchevique, es un revolucionario profesional. A medida que nos convertimos en partidos de obreros industriales, es más necesario que nunca tener un aparato del partido, que los compañeros estén dispuestos a aceptar responsabilidades a tiempo completo en el partido, y promover el profesionalismo proletario —no el desorden bohemio— a todos los niveles de la organización.

Asimismo, es importante evitar toda tendencia de empezar a actuar como si existieran dos categorías de miembros del partido: los que están en la industria y los que no lo están. Todos los miembros tienen iguales derechos y responsabilidades. El viraje de ninguna manera establece una categoría de miembros de segunda clase para los que, por una u otra razón, no trabajan actualmente en la industria. Sacaremos a compañeros de la industria para que asuman responsabilidades a tiempo completo y viceversa.

Cuatro. El viraje pone más de relieve las normas de funcionamiento de la dirección y del partido en general. Hay que examinarlas para asegurar que estén en armonía con nuestro avance por el camino histórico de nuestra clase.

Trotsky escribió una serie de cartas a los compañeros norteamericanos sobre estos temas en los años que precedieron la lucha contra la oposición pequeñoburguesa a finales de la década de 1930, cuando el partido llevaba a cabo un viraje a la industria. La mayoría de estas cartas abordaban el problema de la dirección.[2]

No eran sermones morales. Trotsky consideraba que este tipo de cambios era precondición para forjar partidos proletarios y una internacional revolucionaria. En una carta en 1937 Trotsky escribió: "He observado cientos de

---

2. Las siguientes citas de Trotsky se encuentran en sus cartas del 3, 6 y 10 de octubre y del 8 de diciembre de 1937, publicadas en James P. Cannon et al, *Background to 'The Struggle for a Proletarian Party'* (Antecedentes de 'La lucha por un partido proletario'; Pathfinder, 1979), pp. 13, 17, 18, 20.

veces que el trabajador que pasa desapercibido en las condiciones 'normales' de la vida del partido puede revelar cualidades extraordinarias cuando la situación cambia y ya no bastan las fórmulas generales y frases fáciles, cuando la familiaridad con la vida de los trabajadores y las capacidades prácticas son necesarias".

En una carta que escribió unos días más tarde, Trotsky habló de la necesidad de educar al partido con los principios que "rechazan la crítica malsana y el oponerse solo por oponerse". La decisivo para esto es "cambiar la composición social de la organización, convertirla en una organización obrera".

Los trabajadores, dijo Trotsky, son "más pacientes, más realistas. Cuando hay una reunión de 100 personas, de las cuales 60 o 70 u 80 son trabajadores, los 20 intelectuales pequeñoburgueses se vuelven 10 veces más prudentes respecto a sus críticas. Es un público más serio, más firme".

La tendencia de los intelectuales pequeñoburgueses a criticar solo por criticar, señala Trotsky, es una forma "de disimular su propio escepticismo".

"Los trabajadores jóvenes", dice Trotsky, "llamarán al orden a los señores escépticos, plañideros y pesimistas".

Los cuadros de una organización revolucionaria que están a tiempo completo, insistía Trotsky, "deben tener en primer lugar un buen oído, y solo en segundo lugar una buena lengua". Y cuando el partido comienza a reclutar a obreros industriales, advierte Trotsky, debe "evitar un gran peligro: que los intelectuales y trabajadores de cuello blanco supriman a la minoría obrera, la condenen al silencio y transformen el partido en un club de debates muy inteligente pero absolutamente inhabitable para los trabajadores".

Necesitamos estar conscientes de estas cuestiones de actitud y conducta si hemos de realizar el viraje hasta el fin. Pero es más que eso. Al llevar a cabo el viraje, tendremos las mejores posibilidades de cambiar la orientación, de combatir las actitudes ajenas a la clase trabajadora y de mejorar el ambiente y el funcionamiento de nuestros partidos. Empezaremos a actuar como partidos de obreros industriales.

Educar, agitar, organizar
Cinco. La educación del partido. A medida que los compañeros y compañeras emprenden el viraje, aprenden y reaprenden nuestro programa, aprenden y reaprenden el marxismo. Constantemente se les presenta el reto de tener que explicar y popularizar nuestras ideas entre sus compañeros de trabajo. Por tanto, tenemos la obligación de ampliar la educación política y prestarle más atención.

Es una forma de protección contra cualquier susceptibilidad entre los militantes a ir despolitizándose cuando se realiza el viraje. La historia nos muestra que este peligro existe.

Sexto. Mejorar nuestra prensa transformándola más y más en una prensa obrera. Con la prensa de nuestro partido podemos dirigirnos al mayor número y a las capas más amplias de trabajadores. Es así como explicamos la necesidad de que el movimiento obrero comience a pensar en términos sociales y actuar en términos políticos, de que es una cuestión de vida o muerte.

Nuestros propios miembros constituyen el público más importante para la prensa del partido, junto con aquellos entre nuestra clase y los oprimidos que buscan nuestro análisis político y liderazgo. Lo que publicamos en nuestros periódicos, y la manera en que explicamos nuestro programa, nos ayuda a entrenar a nuestros cuadros como trabajadores-bolcheviques y no como sindicalistas radicales. Esto ayuda a templar el partido contra tendencias economicistas de reducir las luchas de los aliados de nuestra clase —mujeres, nacionalidades oprimidas, agricultores y otros productores explotados— a luchas sindicales o a luchas entre empleados y empleadores.[3] Ayuda a combatir cualquier idea errónea de que los trabajadores no se interesan en cuestiones internacionales u otros temas políticos generales y de que no es posible presentar estas cuestiones de manera efectiva a los trabajadores.

Siete. El viraje hace más, y no menos, importante la necesidad de desarrollar *partidos de campañas*: partidos que realizan campañas políticas centralizadas que están dictadas por la lucha de clases nacional e internacional.

Necesitamos partidos que hablen políticamente a la clase trabajadora a través de nuestras acciones y campañas políticas, y no principalmente a través de nuestra respuesta a problemas y luchas en los centros de trabajo. Al llevarse a cabo el viraje, estas campañas del partido son protecciones vitales contra presiones derechistas y economicistas que han afectado históricamente a los revolucionarios en la clase trabajadora.

Si hay una cosa que no cambia con el viraje, es nuestra oposición absoluta a toda concepción espontaneísta de que una dirección revolucionaria florecerá por voluntad propia cuando llegue el momento de la acción decisiva.[4] Al contrario, es necesario forjar un partido templado y probado *ahora*. Es la única forma de estar preparados cuando lleguen esos tiempos.

Ocho. Hemos comenzado a sacar lecciones valiosas sobre la relación entre el viraje y nuestra participación en acciones que impulsan las luchas de la mujer y de las nacio-

---

3. Ver el glosario: Economicismo.

4. Ver el glosario: Espontaneísmo.

nalidades oprimidas, así como la solidaridad internacional. Hemos aprendido a no confundir nuestras fracciones sindicales o de fábrica con las fracciones que creamos para dirigir el trabajo en otras diversas luchas sociales y políticas. Por supuesto, estas cosas están relacionadas. Algunos miembros se encuentran en ambas esferas. Pero no podemos reducir una forma organizativa a la otra para hacer nuestro trabajo. Si ocurre eso, refleja simplemente una tendencia errónea de reducir las luchas de los aliados de la clase trabajadora y otras capas oprimidas y explotadas a batallas en las fábricas o en los sindicatos. Nuestro viraje se proyecta hacia afuera, no hacia adentro.

Las luchas que se desarrollan dentro y fuera del movimiento obrero necesitan combinarse y reforzarse mutuamente. Nuestro viraje, y los factores políticos que lo sustentan, aumentan las posibilidades para integrar a obreros industriales y sus sindicatos a estas luchas, no solo como participantes y dirigentes, sino cada vez más como dirigentes revolucionarios conscientes del movimiento obrero.

Podemos decir con toda veracidad a los oprimidos: "Las luchas suyas no deben subordinarse a ninguna otra lucha". Solo una dirección revolucionaria de la clase trabajadora puede decir esto y *actuar* en ese sentido. De esto depende la capacidad de la clase trabajadora de forjar alianzas perdurables en una batalla común contra los explotadores.

Nueve. Hemos descubierto que en los lugares donde se ha llevado a cabo el viraje, las compañeras y los militantes de nacionalidades oprimidas cobran más confianza en el partido a la vez que cobran más confianza en sí mismos. Más confianza, no solo como dirigentes de sus luchas específicas, sino como dirigentes de la clase trabajadora, y sobre todo como dirigentes del partido.

El viraje despierta lo mejor de los compañeros.

Nuestro viraje a la clase obrera industrial y sus sindicatos también puede ayudar a resolver la crisis de dirección en el movimiento de la mujer y de las nacionalidades oprimidas. Hoy estas luchas atraviesan una crisis de perspectivas de clase; sus actuales dirigentes están cediendo a las presiones pequeñoburguesas de su entorno y, aún más de lo habitual, recurren a los tribunales y a los políticos burgueses para defender sus intereses. Necesitan desarrollar una composición, orientación y dirección proletarias para poder impulsar sus luchas. Como partidarios y participantes de estas luchas, nosotros ayudaremos a acelerar la resolución de esta crisis de dirección desde nuestra base en la industria, involucrando a otros trabajadores en esos movimientos y luchando para que el movimiento sindical pese en la balanza.

Respuestas a algunas preguntas

Quiero terminar con unas preguntas que se han planteado acerca del viraje.

¿Es una medida de carácter mecánico? ¿Es solo un artilugio, un truco? ¿Es una obsesión con las fábricas?

Bueno, supongo que se podría decir que estamos un poco obsesionados con la idea de organizar grandes fracciones de compañeros entre grandes concentraciones de obreros industriales. Podríamos objetar la palabra. Pero sí, nos declaramos culpables.

¿Es mecánico? En cierto sentido, sí. El aspecto mecánico de realizar el viraje es una precondición para su éxito político.

¿Es un artilugio? No, no lo es. A menos que todo nuestro análisis político esté equivocado.

La dirección de la Cuarta Internacional, el Comité Ejecutivo Internacional (CEI), necesita dirigir el viraje. Debe dirigirlo con análisis político para situar el viraje en el desarrollo de la lucha de clases a escala mundial. Debe dirigirlo con un mayor número de miembros del comité entrando a la industria.

Debe dirigir el viraje coordinándolo a escala mundial, facilitando el intercambio de experiencias e información entre las direcciones nacionales y entre los compañeros que están en las industrias de distintos países.

Significa que el Comité Ejecutivo Internacional, como todas las demás instancias de dirección de nuestro movimiento, tendrá que empezar a organizar su trabajo de manera diferente. Las agendas de sus reuniones van a cambiar. Se ampliarán los temas que considera y decide.

Por ejemplo, la próxima reunión del CEI deberá examinar concretamente las estadísticas sobre el progreso del viraje, y evaluar sus implicaciones políticas y organizativas.

La única manera de medir el éxito del viraje es observando honesta y objetivamente las cifras, el número y el porcentaje de compañeros en la industria en cada sección de nuestro movimiento, el número de fracciones industriales activas, el número de cuadros de dirección que están realizando el viraje. Solo al examinar estas cifras podremos evaluar nuestro progreso en la implementación de la decisión central de este congreso. Eso es lo que debemos hacer en la próxima reunión del CEI.

Cuanto más exitosamente hayamos sacando las lecciones e implementado la resolución, más rápidamente el viraje *como tal* quedará atrás. El viraje es una *táctica* radical exigida por el desarrollo histórico de nuestro movimiento y la etapa actual de la situación política mundial. Es una respuesta anormal a una situación anormal: una situación en la cual la gran mayoría de nuestros miembros en todas nuestras secciones *no* ha sido obreros industriales. Una vez que se haya realizado esta medida táctica e históricamente necesaria —una vez que haya cambiado la situación anormal en cuanto a la composición social de nuestro movimiento y el campo de acción de nuestro trabajo— el viraje quedará atrás. Si se lleva a cabo, la táctica habrá cumplido su misión.

Varios compañeros me han dicho: "No olvides de señalar que nuestro movimiento enfrenta una crisis, que tenemos muchos problemas". Hay un factor importante que es preciso recordar al respecto. Los problemas que enfrentamos no reflejan reveses decisivos para la clase trabajadora como los de los años 30 —el ascenso del fascismo y la marcha hacia la guerra mundial— o un reflujo político como el de los años 50.

La crisis y los problemas que enfrentamos hoy radican, en última instancia, en la necesidad de prepararnos para los desafíos y las oportunidades que se desprenden de una lucha de clases en ascenso y de una situación en que la correlación de fuerzas a escala mundial está cambiando a favor de nuestra clase. El desenlace de estas luchas aún no está decidido. Las luchas más importantes aún están por llegar, y van a impulsar a nuevas fuerzas desde nuestra clase y sus aliados.

Forjando un partido mundial de masas

En vista de estas perspectivas revolucionarias, el viraje es decisivo también porque permite que la Cuarta Internacional esté en condiciones de lograr lo que será el desafío más importante en la construcción del partido mundial de masas de la revolución socialista.

En todos los países donde existimos hoy en el mundo, solo contamos con pequeños grupos de propaganda. Para cumplir las tareas que nos hemos propuesto, debemos ser capaces de orientarnos hacia los revolucionarios que provienen de otros orígenes y otras tradiciones: *revolucionarios de acción* como los que surgieron de la Revolución

Cubana e iniciaron una renovación de liderazgo proletario en el poder por primera vez desde finales de los años 20. Una renovación de liderazgo comunista.

O como los dirigentes de los actuales gobiernos revolucionarios en Nicaragua y Granada. O de corrientes de izquierda que surjan de la crisis del movimiento sindical y de los partidos reformistas estalinistas y socialdemócratas.

Nuestra capacidad para colaborar con estos trabajadores de disposición revolucionaria, de atraerlos a nuestro programa y convencerlos de su necesidad, de fusionar nuestras fuerzas y las suyas en un marco político y organizativo común: solo así podremos construir partidos proletarios de masas y una nueva Internacional comunista. Esto no se puede hacer simplemente con el reclutamiento de individuos.

Pero esta tarea histórica solo la pueden llevar a cabo organizaciones que estén firmemente arraigadas en la industria, con una gran mayoría de obreros industriales. Ningún partido que carezca de esa composición de clase podrá mantener políticamente el rumbo.

A menudo señalamos que incluso los partidos revolucionarios relativamente pequeños pueden crecer de manera tumultuosa durante ascensos de masas, integrados por combatientes que surgen de estas batallas de clase. Es cierto. Es lo que pasó con los bolcheviques en 1917.

Pero esto puede suceder *únicamente* con partidos proletarios cuyos cuadros han sido ya puestos a prueba en acción, que tienen experiencia y que son respetados en el movimiento obrero. No puede ocurrir fuera del seno de la clase obrera industrial. Los que estén al margen cuando se produzcan estos acontecimientos serán simplemente dejados atrás. La oportunidad se habrá perdido.

Tal es el objetivo del viraje. Ubicar a nuestros cuadros donde deben estar, para construir partidos obreros que sean capaces de crecer a partir de las batallas de clases que sabemos que están a la orden del día en el mundo. De otra manera, nuestro programa, que el proletariado mundial necesita para trazar su camino a la victoria, será letra muerta en vez de ser una guía para la acción revolucionaria de masas.

No garantizamos que el viraje nos brinde las tácticas correctas, los momentos oportunos, o la agudeza política para responder a estas oportunidades. Eso dependerá de los compañeros en cada organización y en cada nueva situación. Simplemente garantizamos que estas decisiones *no pueden* tomarse correctamente sin el viraje, sin partidos compuestos en su abrumadora mayoría de obreros industriales.

Por último, debemos poner fin a un mito. Me llamó la atención ese mito al leer un intercambio entre dirigentes de un grupo sectario ultraizquierdista, el Partido Socialista de los Trabajadores (SWP) en Gran Bretaña, y compañeros del grupo en Gran Bretaña que está afiliado a la Cuarta Internacional, el Grupo Marxista Internacional. El SWP británico advierte que hace unos años su organización norteamericana, los Socialistas Internacionales, había tratado de introducir a la gran mayoría de sus miembros a la industria y que la experiencia había terminado de manera desastrosa. Esto es lo que dicen:

> Ahora bien, aunque estamos completamente de acuerdo con el *objetivo* —la fuerte implantación de los revolucionarios en la clase obrera industrial— pensamos que el *método* propuesto para alcanzarlo conduce inevitablemente al desastre. La "proletarización" o "industrialización", es decir, trasplantar a ex estudiantes a la industria, no es más que un sustituto —y un sustituto peligroso— de la verdadera tarea de construir partidos obreros.

La "industrialización" tiene cierto atractivo superficial. Da resultados rápidos: aumenta considerablemente el número de trabajadores manuales entre los militantes. Sin embargo, hay que pagar un precio elevado por estos resultados. Los compañeros pequeñoburgueses que son enviados a la industria se ven forzados a adaptarse a su nuevo ambiente. Su primera prioridad es hacerse aceptables a los ojos de sus compañeros de trabajo. El resultado natural es que disimulan u ocultan completamente sus ideas políticas y se concentran en hacerse en buenos sindicalistas. Se abre un abismo entre su vida como revolucionarios y su vida como militantes obreros. En el centro de trabajo, su prioridad no es reclutar a otros trabajadores a la política revolucionaria, vender el periódico del partido o presentar un programa de lucha contra los patrones, sino establecerse pura y simplemente como buenos militantes. Al interior de la organización, se convierten a menudo en una fuerza conservadora, con la tendencia de adoptar, por ejemplo, lo que consideran una línea 'superproletaria' (es decir, reaccionaria) sobre cuestiones tales como la opresión sexual, y de adoptar posiciones generalmente economicistas.

Por otra parte, la "industrialización" tiende a crear dos niveles de militantes en la organización. Están los "trabajadores-bolcheviques" que han hecho la transición de pequeñoburgueses a "proletarios" y que en consecuencia tienden a considerarse como una élite, y están los demás, cuyo papel no es construir el partido ni organizaciones de masas en sus centros de trabajo, sino más bien "servir" a los "proletarios". El trabajo en los sindicatos de cuello blanco y entre los estudiantiles —que son esferas de actividad nada despreciables— sufre enormemente bajo este tipo de régimen.

No estamos inventando esta situación. Ha pasado en

casos aislados en nuestra propia organización. Le pasó a los Socialistas Internacionales en Estados Unidos, donde la "industrialización" creó un periódico que apenas hablaba de política, un aparato inflado de funcionarios, una capa conservadora de estudiantes "proletarizados" y, al fondo de todo, trabajadores de cuello blanco y estudiantes desmoralizados. El resultado final es que la organización se ha disuelto en diversas agrupaciones de sindicalistas de base y en una revista mensual de propaganda.

La conclusión que el SWP británico saca de esta experiencia es: *No entren a la industria. El viraje es un error.* Nosotros decimos exactamente lo contrario. Decimos que la razón por la cual la experiencia de los Socialistas Internacionales llevó al fracaso —y sí fue abismal— radica en el programa y en la dirección de la organización que lo efectuó. Esa dirección contrapuso, por un lado, el ingreso a la industria y el "trabajo sindical", y, por el otro, el desarrollo de un periódico obrero de proyección política integral, la formación marxista y las campañas políticas sistemáticas. Cuando hicieron el viraje, la dirección *despolitizó* conscientemente todas las instituciones del partido. Por eso fracasaron.

Si se contraponen falsamente estos aspectos, entonces el viraje fracasará. Van a perder a compañeros. Y no podrán reclutar y mantener a jóvenes trabajadores que se están politizando. Si al partido se le pide que *escoja* entre el esfuerzo de incorporar a miembros a la industria y el trabajo de realizar campañas políticas organizadas, entonces por supuesto, la colonización fracasará.

Nuestro enfoque es diferente. No pensamos que los compañeros y compañeras que han sido reclutados y formados en movimientos de protesta y en luchas importantes de los oprimidos se van a despolitizar cuando sean obreros industriales o militantes sindicales. No pensamos que dejarán de luchar por la emancipación de la mujer o por otras metas sociales o políticas a favor de los intereses de la clase trabajadora. Nuestra experiencia ya confirma el hecho de que los miembros cobran más confianza y son cada vez más eficaces en todas estas luchas.

En última instancia, en el trasfondo de la oposición al viraje —sea consciente o no— está el prejuicio de que los trabajadores son inherentemente menos revolucionarios, menos políticos y más intolerantes que otros sectores de la población. Eso es rotundamente falso. Estamos convencidos de que los trabajadores *no* son menos políticos que otros sectores de la población. Al contrario, estamos convencidos de que, al profundizarse las luchas de todos los oprimidos, los obreros industriales tomarán cada vez más la delantera.

Pero para llevar a cabo el viraje, debemos afrontar los hechos. Debemos examinar fríamente, honestamente y a fondo el tamaño, la composición y los problemas de nuestro movimiento en la actualidad. No hay trucos o definiciones formalmente correctas que nos puedan ayudar a ser partidos proletarios en su composición social y programa. Necesitamos partir de nuestra *verdadera* composición para definir las verdaderas tareas y oportunidades que se nos presentan.

Responder a las oportunidades
No hay razón para ser pesimistas. Debemos entender la crisis y los problemas que enfrentamos como reflejo de un período que se está iniciando y durante el cual podremos *resolverlos*. El viraje nos dará las perspectivas políticas que necesitamos para crecer y avanzar.

A escala mundial, representamos la única alternativa revolucionaria organizada para el movimiento obrero. Todas las demás corrientes internacionales han fracasado.

Estamos convencidos de que, al llevar a cabo el viraje a la clase obrera industrial, debemos forjar simultáneamente nuestros partidos nacionales y *también* una organización internacional. No podemos construir partidos obreros revolucionarios en ningún país del mundo sin esa perspectiva internacionalista.

Y un movimiento comunista mundial no podrá ser forjado ni será forjado si no está compuesto de *partidos obreros*, arraigados en la industria, en países por todo el mundo. Al dirigir políticamente este viraje, abrimos la puerta a toda una nueva etapa en el desarrollo del partido internacional de la revolución socialista que la clase trabajadora necesita para tumbar el capitalismo mundial.

'El comunismo no es una doctrina sino un movimiento'

El siguiente texto fue tomado del informe de Jack Barnes sobre la resolución "Construir un partido revolucionario de trabajadores socialistas", que el Comité Nacional del PST adoptó el 29 de abril de 1979.

¿Qué es el marxismo? ¿Qué es lo que representamos? En octubre de 1847, como parte de su preparación junto a Carlos Marx para redactar el Manifiesto Comunista dos meses más tarde, Engels escribió dos editoriales en respuesta a un socialista pequeñoburgués alemán llamado Karl Heinzen (cuya única importancia en la historia es que les sirvió a Marx y Engels para contraponer argumentos).

"El señor Heinzen se imagina que el comunismo es una cierta *doctrina* que procede de un determinado principio teórico como su *esencia* y a partir de ahí saca más conclusiones", escribió Engels.

"El señor Heinzen está muy equivocado. El comunismo no es una doctrina sino un *movimiento*; no procede de principios sino de *hechos*".[1] De ahí viene el programa del partido proletario, dijo Engels.

Marx y Engels incorporaron este concepto fundamental a la esencia del Manifiesto Comunista, que ellos redactaron a solicitud del congreso de fundación de la primera organización obrera revolucionaria moderna del mundo, la Liga Comunista, celebrado en Londres en diciembre de 1847.

"Las conclusiones teóricas de los comunistas no se basan en modo alguno en ideas o principios inventados o descubiertos por tal o cual reformador del mundo", escribieron. "No son sino la expresión, en términos generales, del conjunto de las condiciones reales de una lucha de clases existente, de un movimiento histórico que se está desarrollando ante nuestros ojos..."[2]

El marxismo es "simplemente" la generalización —consignada por escrito— de los intereses de una de las dos principales clases enfrascadas en esa lucha en el mundo moderno: la clase trabajadora.

Los comunistas "no tienen intereses separados de los del conjunto del proletariado", escribieron Marx y Engels en el Manifiesto Comunista. "No proclaman principios sectarios a los que quisieran amoldar el movimiento proletario".

Marx y Engels luego definen el internacionalismo del movimiento comunista y su tarea de superar las divisiones nacionales y otras que el capitalismo le impone a la clase trabajadora.

"Los comunistas solo se distinguen de los demás par-

---

1. Federico Engels, "The Communists and Karl Heinzen" (Los comunistas y Karl Heinzen), en *Collected Works* (Obras completas en inglés) de Marx y Engels, tomo 6, p. 303.

2. Carlos Marx y Federico Engels, *El Manifiesto Comunista* (Pathfinder, 2008), p. 48 [impresión de 2019].

tidos proletarios" en lo siguiente, dicen ellos: "(1) En las diferentes luchas nacionales de los proletarios, destacan y hacen valer los intereses comunes de todo el proletariado, independientemente de la nacionalidad. (2) En las diferentes fases de desarrollo por las que pasa la lucha entre el proletariado y la burguesía, representan siempre y en todo lugar los intereses del movimiento en su conjunto".

Marx y Engels concluyen: "Prácticamente, los comunistas son, por lo tanto, por un lado el sector más avanzado y decidido de los partidos obreros de cada país, ese sector que siempre impulsa adelante a los demás, y por otro lado, teóricamente, tienen sobre el resto del proletariado la ventaja de su clara visión de las condiciones, de la marcha y de los resultados generales del movimiento proletario".[3]

Los marxistas *son parte de* la clase trabajadora, no algo fuera de esta clase. El partido marxista revolucionario analiza *todas* las clases y sus conflictos, toda la política, desde el punto de vista de los objetivos históricos de *nuestra* clase: la clase de la cual somos simplemente la parte más consciente y organizada y para la cual somos los luchadores más consecuentes. La clase cuya tarea es gobernar, expropiar a los explotadores y opresores, y dirigir un gran movimiento social para reorganizar la sociedad con el fin de eliminar la opresión y sentar las bases de una sociedad socialista, transformándonos completamente en este proceso.

El dirigente obrero revolucionario Malcolm X explicó esta transformación a través de la lucha con una claridad ejemplar, apenas unas semanas antes de su asesinato en febrero de 1965. Una periodista le preguntó si su objetivo era "¿despertarlos [a los africano-americanos] para que descubran su explotación?" Malcolm contestó, "No, para

---

3. *El Manifiesto Comunista*, pp. 47–48.

que descubran su humanidad, su propio valor".[4]

A la clase trabajadora la crea su enemigo: la clase capitalista, el sistema de ganancia. Los trabajadores no *optamos* por participar en la lucha de clases; nos vemos *obligados* a hacerlo por nuestra situación. Por el hecho de que nos quitan nuestras herramientas, nuestro usufructo de la tierra: no solo "40 acres" sino las "mulas".[5]

Esto es lo que hace que el marxismo sea científico, no utópico. Y más y más trabajadores en este país están tomando conciencia de esta lucha de clases a medida que la ofensiva de la clase gobernante va creciendo: diariamente en las fábricas, y en torno a los grandes problemas sociales y políticos como el desempleo, la discriminación y la guerra.

No es de extrañar que Marx y Engels escribieran —en una de sus primeras obras, más de dos años antes de que los dos fueran reclutados por trabajadores al primer partido comunista moderno del mundo— que llega una etapa en las relaciones sociales capitalistas "en la que surgen fuerzas productivas… que no son ya fuerzas productivas sino más bien fuerzas destructivas".[6]

---

4. Entrevista en el semanario neoyorquino *Village Voice*, edición del 25 de febrero de 1965. Reproducido en *Malcolm X: February 1965, The Final Speeches* (Malcolm X: febrero de 1965, los discursos finales; Pathfinder, 1992), p. 295 [impresión de 2018].

5. Tras la derrota de la clase hacendada esclavista en la Guerra Civil estadounidense, los esclavos emancipados buscaron convertirse en agricultores libres, con acceso a tierras, herramientas, animales de tiro y crédito barato. Esta aspiración —expresada en la reivindicación popular de "¡40 acres y una mula!"— fue traicionada por la clase gobernante norteamericana, que ayudó a los capitalistas en el Sur a mantener una reserva barata y explotable de mano de obra.

6. Marx y Engels, "Feuerbach: oposición entre las concepciones materialista e idealista" (primer capítulo de *La ideología alemana*), *Obras escogidas* (Moscú: Editorial Progreso, 1973), tomo 1, p. 37.

Esta perspectiva y estrategia comunista para la independencia y el poder político de la clase trabajadora: el marxismo no es nada más que eso. Por supuesto, "eso" abarca el futuro de la humanidad: transformar a la gran masa de la humanidad y salvar nuestro planeta de las "fuerzas destructivas" del capitalismo y de la devastación de nuestras condiciones de vida y trabajo.

GLOSARIO DE NOMBRES, ORGANIZACIONES Y SUCESOS

Acuerdo Experimental de Negociación (Experimental Negotiating Agreement, ENA) – Un pacto de no hacer huelgas suscrito en 1973 por la cúpula del Sindicato Unido de Obreros del Acero (USWA) y empresas de la industria básica del acero. *Ver también*: Obreros del Acero Resisten.

AFSCME – Federación Americana de Empleados Estatales, de Condado y Municipales (American Federation of State, County and Municipal Employees), su nombre desde 1936; fundada cuatro años antes como la Asociación de Empleados Administrativos Estatales de Wisconsin.

AFT – Federación Americana de Maestros (American Federation of Teachers). Uno de los dos principales sindicatos de maestros, junto con la Asociación Nacional de Educación (National Education Association, NEA).

Alianza de la Juventud Socialista (AJS) – Fundada en 1960 como organización juvenil revolucionaria independiente, políticamente solidaria con el Partido Socialista de los Trabajadores. Cambió su nombre en 1994 a Juventud Socialista.

Angola – A fines de 1975, el gobierno de Angola, recién independizado de Portugal, pidió ayuda internacional para resistir al ejército invasor del régimen supremacista blanco en Sudáfrica respaldado por Washington. El gobierno cubano respondió. Unos 425 mil voluntarios cubanos prestaron servicio en Angola en los siguientes 16 años. En 1988, combatientes cubanos, angolanos y namibios asestaron un golpe decisivo al ejército sudafricano en la batalla de Cuito Cuanavale, asegurando la soberanía de Angola y la independencia de Namibia, y dando un gran impulso a la derrota del apartheid en Sudáfrica a principios de los años 90.

Bishop, Maurice – *Ver* Granada, revolución en.

Bolcheviques – La facción revolucionaria proletaria del Partido Obrero Socialdemócrata Ruso, formada en 1903 bajo el liderazgo de V.I. Lenin. En octubre de 1917 condujo a los trabajadores y campesinos al poder en el antiguo imperio zarista. Cambió de nombre a Partido Comunista Ruso (Bolchevique) en 1918. Sus dirigentes fundaron la Internacional Comunista en 1919. *Ver también*: Internacional Comunista; Trabajadores-bolcheviques.

Boston, lucha por la desegregación en – En 1974 una corte federal ordenó la desegregación de las escuelas públicas en Boston. La orden incluía el transporte en bus de niños negros a escuelas mejor financiadas, de las cuales habían sido mayormente excluidos. Al inicio del curso escolar, demócratas prominentes en el consejo municipal organizaron grupos de matones que lanzaron violentos ataques contra buses escolares y contra negros en calles y playas. En el transcurso de un año y medio, los ataques fueron repelidos por masivos mítines, protestas callejeras y guardianes voluntarios para los buses, respaldados por la NAACP, la Coalición Estudiantil Contra el Racismo, sectores del movimiento sindical, el Partido Socialista de los Trabajadores y el Partido Comunista, entre otros.

Brown, Bill (1897–1938) – Presidente del Local 574 del sindicato de camioneros Teamsters en Minneapolis desde 1921 hasta su muerte. Parte del liderazgo con perspectiva de lucha de clases en las huelgas de 1934 que ganaron el reconocimiento del sindicato para camioneros y obreros de almacenes y que lo usaron para ampliar el poder sindical en el norte del Medio Oeste y otras regiones. Fue partidario de la Liga Comunista, antecesora del Partido Socialista de los Trabajadores, pero nunca miembro. *Ver también*: Teamsters; Teamsters, serie sobre.

Burkina Faso – País de África Occidental donde un levantamiento popular en marzo de 1983 llevó al poder un gobierno revolu-

Glosario 203

cionario dirigido por Thomas Sankara. Trabajadores y jóvenes se movilizaron para realizar campañas de alfabetización y vacunación; abrir pozos de agua, sembrar árboles, construir viviendas; combatir la opresión de la mujer y comenzar la transformación de las relaciones de explotación en el campo. Empezaron a sacudirse el yugo imperialista y apoyaron luchas de trabajadores desde Angola y Sudáfrica hasta Nicaragua, Granada y Cuba. En octubre 1987 Sankara fue asesinado y el gobierno derrocado en un golpe militar por tropas leales al capitán Blaise Compaoré.

Camboya – Tras el triunfo de las fuerzas de liberación en Vietnam en 1975, el gobierno de Camboya fue derrocado por el Khmer Rouge, sanguinario partido estalinista dirigido por Pol Pot. El nuevo régimen cambió el nombre del país a Kampuchea Democrática e impuso un reino de terror al pueblo trabajador, con la evacuación forzosa de ciudades y pueblos. Fue derrocado en 1979 por tropas vietnamitas y de oposición camboyana. En 1989 el país restauró el nombre de Camboya. *Ver también*: Vietnam.

Camioneros independientes – Choferes dueños de su propio camión hicieron huelgas en Estados Unidos a fines de los 60 y 70 por el reconocimiento de su sindicato, ingresos dignos y condiciones seguras. Empresas capitalistas de transporte de carga, apoyadas por el gobierno federal, se opusieron a las demandas de los camioneros, declarándolos "contratistas" excluidos de negociaciones colectivas. Funcionarios de los Teamsters usaron a matones armados contra estas luchas y dieron la orden de que los miembros del sindicato fueran rompehuelgas. Para leer un relato de cómo un liderazgo con perspectiva de lucha de clases apoyó a estos trabajadores, ver "Cómo el sindicato Teamsters organizó a los camioneros independientes en los años 30" en *Política Teamster* de Farrell Dobbs.

Cannon, James P. (1890–1974) – Dirigente del Partido Comunista de EEUU desde su fundación en 1919. Miembro del Comité Ejecutivo de la Internacional Comunista en 1922. Expulsado en 1928 por apoyar la lucha mundial dirigida por León Trotsky para continuar el curso proletario internacionalista de V.I. Lenin, Cannon fue secretario nacional de la Liga Comunista de América y luego del Partido Socialista de los Trabajadores hasta 1953; presidente nacional hasta 1972. Autor de *La lucha por un partido proletario*, entre muchas otras obras.

CIO – Congreso de Organizaciones Industriales (Congress of Industrial Organizations). Creado en 1935 como un comité de la Federación Americana del Trabajo (AFL) —la cual se basaba en gremios de oficios— para organizar a obreros no sindicalizados en industrias de producción en masa. En 1936 se separó y formó una federación sindical industrial. Gracias a las victorias de sindicalización de la AFL y otros sindicatos en 1934 en Minneapolis, San Francisco y Toledo, y posteriores batallas del CIO en el sector automotriz, del acero, del caucho y otras industrias, ya en 1941 la tasa de sindicalización había subido del 7 al 20 por ciento. En 1955 se formó la AFL-CIO al unirse las dos centrales.

Coalición de Mujeres Sindicalistas (Coalition of Labor Union Women, CLUW) – Creada en 1974 en un encuentro de más de 3 mil mujeres de 58 sindicatos internacionales, con respaldo de la AFL-CIO.

Comité Pro Derecho al Voto (UTU) – Comité del Sindicato Unido del Transporte (UTU) que luchó por el derecho de los miembros a ratificar convenios con las empresas ferroviarias. Comenzó en 1960 con el local en Chicago, logró apoyo por todo Estados Unidos y Canadá. La propuesta del derecho al voto fue derrotada en el congreso del UTU en 1971.

Congelamiento de salarios y precios (1971) – En agosto de 1971 la administración Nixon declaró un congelamiento de salarios y un fraudulento "congelamiento de precios" de 90 días. La Casa Blanca también puso fin a la convertibilidad del dólar al oro. Cuando la inflación atizada por la guerra de Vietnam redujo las reservas de dólares de los rivales imperialistas de Washington,

Glosario 205

otros gobiernos, sobre todo Francia, intentaron cambiar dólares por oro. Cuando el Tesoro de Estados Unidos cerró su ventanilla del oro y se acabó la tasa fija de cambio del dólar, todas las monedas del mundo pasaron a ser "moneda fiat". Ninguna tiene un precio o valor de cambio salvo en relación a otras; son solo anotaciones en libros de contabilidad.

Cuarta Internacional – Organización mundial de partidos obreros comunistas fundada en 1938 a iniciativa del líder bolchevique León Trotsky en colaboración con la dirección del Partido Socialista de los Trabajadores y revolucionarios de otros países. Su programa continuaba la trayectoria proletaria internacionalista de la Internacional Comunista (Comintern) fundada en 1919 bajo el liderazgo de Lenin. A fines de los 20, tras la muerte de Lenin, capas burocráticas privilegiadas en la URSS, cuyo dirigente representativo fue José Stalin, subordinaron la Comintern a las necesidades diplomáticas e intereses nacionales de Moscú, imponiendo una línea de colaboración de clases a los Partidos Comunistas afiliados en el mundo.

Dobbs, Farrell (1907–1983) – Secretario nacional del Partido Socialista de los Trabajadores, 1953–1972 y cuatro veces candidato de PST a la presidencia de EEUU. Secretario nacional sindical del partido, secretario nacional de organización, luego presidente nacional, 1940–53. Dirigente de batallas de sindicalización que forjaron el movimiento sindical industrial en EEUU en los años 30. Parte del liderazgo central que dirigió huelgas en 1934 que convirtieron a Minneapolis en baluarte sindical; luego principal dirigente en las campañas en 1938–39 que integraron a un cuarto de millón de choferes de larga distancia al sindicato Teamsters en la región central del país. Renunció como organizador general de los Teamsters en 1940 para ser secretario sindical del PST. A principios de los 40, el gobierno federal encarceló bajo cargos amañados a Dobbs y otros 17 dirigentes del PST y los Teamsters por organizar la oposición sindical a los objetivos imperialistas de Washington en la Segunda Guerra Mundial. *Ver también*: Juicio por la Ley Smith.

Economicismo – Se refiere a corrientes en el Partido Obrero Socialdemócrata Ruso a fines del siglo XIX y principios del siglo XX, orientadas a limitar el movimiento obrero a luchas económicas por mejores salarios y condiciones de trabajo. Restaban importancia a la necesidad de un partido obrero revolucionario y a la teoría comunista y conciencia política obrera. V.I. Lenin rebatió el reformismo de los economicistas en su folleto de 1902 *¿Qué hacer?* y otras obras.

Engels, Federico (1820–1895) – Dirigente fundador, junto a Carlos Marx, del movimiento obrero comunista moderno. Coautor con Marx, a fines de 1847 y principios de 1848, del Manifiesto Comunista. Dirigente de la revolución alemana de 1848–49 y combatiente en la resistencia militar a la derrota de la revolución. Militó en la Asociación Internacional de Trabajadores (1864–76) y, tras la muerte de Marx en 1883, fue el dirigente internacional central del movimiento obrero revolucionario. *Ver también*: Marx, Carlos.

Enmienda Pro Igualdad de Derechos (Equal Rights Amendment, ERA) – Propuesta de enmienda a la constitución de EEUU: "La igualdad de derechos ante la ley no será denegada ni restringida por Estados Unidos ni por ningún estado por motivos de sexo". Aprobada por el Congreso en 1972. No fue ratificada porque en 1982, fecha tope dictada por el Congreso, aún le faltaba obtener la aprobación de 3 de las 38 legislaturas estatales (tres cuartos) exigidas por la Constitución.

Escuela de liderazgo del PST – De 1980 a 1986, el PST organizó 10 sesiones semestrales en una escuela de dirección. Se enfocaba en los escritos políticos de Marx y Engels cuando ellos iban sacando lecciones de la lucha de clases entre las décadas de 1840 a 1870 y ayudaban a dirigir las primeras organizaciones obreras comunistas. El informe de Barnes, "La educación del liderazgo de un partido proletario" (enero 1980) se publicó en

El rostro cambiante de la política en Estados Unidos. En los primeros años del viraje del PST, cada rama del partido organizó una serie de clases sobre los escritos políticos de V.I. Lenin de 1902 a 1917.

Escuela Trotsky – Programa educativo semestral para dirigentes y cuadros del PST, organizada de 1946 a 1963.

Espontaneísmo – El concepto de que el liderazgo obrero surge por sí solo cuando la acción revolucionaria lo requiere. Los espontaneístas rechazan la construcción de un partido proletario según la perspectiva revolucionaria centralista de los bolcheviques bajo la dirección de V.I. Lenin.

Etiopía, revolución en (1974) – Revolución popular que derrocó al emperador Haile Selassie y puso fin a siglos de una monarquía basada en relaciones feudales. El nuevo gobierno republicano inició una reforma agraria y otras medidas antifeudales.

Granada, revolución en (1979–83) – Revolución popular en marzo de 1979 que llevó al poder un gobierno de trabajadores y agricultores en esta isla caribeña. Bajo la dirección de Maurice Bishop, el pueblo trabajador se libró de la dominación imperialista norteamericana y británica y del dominio político capitalista. En octubre de 1983 el gobierno fue derrocado en una contrarrevolución por una facción estalinista encabezada por Bernard Coard. Bishop, otros dirigentes revolucionarios, y trabajadores y jóvenes que resistieron el golpe fueron asesinados y se impuso un toque de queda de 24 horas al día. La contrarrevolución abrió la puerta a la invasión de Washington que instaló un régimen proimperialista.

Halstead, Fred (1927–1988) – Obrero de confección de ropa y por muchos años dirigente del Partido Socialista de los Trabajadores. Dirigente nacional de movimiento contra la guerra de Vietnam. Candidato de PST a la presidencia de EEUU en 1968. Autor de *Out Now! A Participant's Account of the Movement in the United States Against the Vietnam War* (¡Fuera ya! Relato de un participante del movimiento en Estados Unidos contra la guerra de Vietnam).

Huelga de la Cordillera de Hierro (1977) – En un paro de 138 días en la región montañosa de minas de hierro (*Iron Range* en inglés) del norte de Minnesota, 18 mil mineros organizados por el Sindicato Unido de Obreros del Acero (USWA) paralizaron dos tercios de la producción nacional del mineral hierro. Echaron atrás ataques patronales contra salarios, salud y seguridad.

Huelga del carbón (1977-78) – El 6 de diciembre de 1977, unos 180 mil mineros en 22 estados iniciaron una huelga que duró 110 días, el paro minero nacional más largo en EEUU. Los patrones, pretendiendo asestar un golpe demoledor contra el UMWA, intentaron imponer un acuerdo de no hacer huelgas, desvirtuar los comités sindicales de seguridad, instituir un período de prueba para nuevos empleados, eliminar planes médicos y pensiones e introducir el pago de "incentivos" para acelerar la producción. Los mineros se mantuvieron firmes, desafiaron la orden de regresar al trabajo que el presidente James Carter declaró bajo la ley Taft-Hartley, y ganaron una amplia solidaridad obrera, derrotando el ataque antisindical.

IAM – Asociación Internacional de Mecanometalúrgicos (International Association of Machinists).

Internacional Comunista (Comintern) – Fundada por V.I. Lenin y la dirección bolchevique en 1919 como organización mundial de partidos proletarios que buscaban emular la toma del poder estatal en octubre de 1917 por los trabajadores y campesinos de Rusia. Los informes y resoluciones de los primeros cuatro congresos (1919-22) bajo el liderazgo de Lenin, Trotsky y otros bolcheviques, siguen siendo el programa de partidos comunistas revolucionarios en el mundo. *Ver también*: Bolcheviques.

Irán, revolución en – En febrero de 1979, la monarquía del sha Reza Pahlavi en Irán, apoyada por Washington, fue derrocada por movilizaciones de trabajadores, campesinos y jóvenes. Las protestas comenzaron en 1978, culminando en huelgas, tomas de centros de trabajo y otras protestas de masas. Fuerzas burguesas dirigidas por clérigos musulmanes chiítas movilizaron a matones para atacar a trabajadores, mujeres que reivindicaban derechos, kurdos y otras nacionalidades oprimidas, y trabajadores revolucionarios que organizaban un partido comunista. Una contrarrevolución política, mal llamada "revolución iraní", quedó consolidada para 1983.

Juicio por la Ley Smith (1941) – A fines de 1941, 18 dirigentes del PST y de los Teamsters de Minneapolis fueron falsamente acusados de violar la Ley Smith, una medida federal de control de pensamiento promulgada en 1940. Condenados por "conspirar" para "enseñar, abogar y alentar" ideas revolucionarias, su verdadero "crimen" era organizar oposición sindical a los objetivos de Washington en la Segunda Guerra Mundial. James P. Cannon, Farrell Dobbs y otros 10 estuvieron presos del 31 de diciembre de 1943 hasta principios de 1945 en la penitenciaría federal de Sandstone, Minnesota. Otros seis cumplieron penas de prisión más cortas. *Ver también*: Cannon, James P.; Dobbs, Farrell; Teamsters, serie sobre.

Kampuchea – *Ver* Camboya.

Lenin, V.I. (1870–1924) – Dirigente central de Partido Bolchevique, el cual dirigió a los trabajadores y campesinos a la toma del poder en la primera revolución socialista del mundo en octubre de 1917. Dirigió la nueva república soviética. Dirigente fundador de la Internacional Comunista en 1919. En el último año de su vida política dirigió la lucha en el Partido Comunista Ruso y la Internacional Comunista para defender el curso proletario internacionalista contra crecientes capas sociales privilegiadas que José Stalin llegó a representar. *Ver también*: Bolcheviques; Internacional Comunista; Soviets.

Luxemburgo, Rosa (1871–1919) – Dirigente de ala revolucionaria proletaria de Partido Socialdemócrata Alemán (SPD). Se opuso a la mayoría de la dirigencia del SPD que buscaba "reformar" el capitalismo. Combatió la capitulación patriótica de los reformistas a los objetivos imperialistas de Berlín en la Primera Guerra Mundial. Aclamó la revolución bolchevique en Rusia. Ayudó a dirigir la fallida revolución obrera en Alemania en 1918–19. Asesinada por matones del régimen burgués apoyado por el SPD.

Marx, Carlos (1818–1883) – Dirigente fundador junto a Federico Engels del movimiento obrero comunista moderno. Coautor con Engels del Manifiesto Comunista entre fines de 1847 y comienzos de 1848. Dirigente de la revolución alemana de 1848–49. Fundador de la Asociación Internacional de Trabajadores (1864–76), también llamada Primera Internacional. Los escritos de Marx y Engels contienen fundamentos políticos para revolucionarios proletarios hasta el día de hoy. *Ver también*: Engels, Federico.

Mecanometalúrgicos, sindicato de – *Ver* IAM.

Milwaukee, Ferrocarril de (Milwaukee Road), y ofensiva de empresas transportistas de carga – En los años 70, el Ferrocarril de Milwaukee fue de las primeras empresas ferroviarias en reducir las tripulaciones para aumentar ganancias. Entablaron trámites de bancarrota en 1977 y anunciaron despidos de miles. Los obreros resistieron, con la demanda "Investiguen *Milwaukeegate*", pero los patrones y las cortes protegieron el capital a expensas de los empleos y condiciones de seguridad de los obreros. En complicidad con los funcionarios sindicales, los dueños redujeron las tripulaciones de cuatro a dos maquinistas, y a veces a solo uno.

Mineros por la Democracia (Miners for Democracy, MFD) – Movimiento de las filas del UMWA fundado en 1970. Forjado en luchas de mineros de Virginia del Oeste y otras zonas carboníferas de los Apalaches contra la enfermedad del pulmón negro, explosiones fatales y otras condiciones peligrosas. Tras el asesinato en 1969 de Joseph Yablonski, candidato del MFD a presidente del UMWA, en 1972 el MFD derrocó a la burocracia incrustada del presidente Tony Boyle, quien había colaborado con los patrones. Arnold Miller fue electo presidente del UMWA.

Boyle luego fue declarado culpable por la muerte de Yablonski y su familia. *Ver también*: Pulmón negro, enfermedad del.

NEA – Asociación Nacional de Educación (National Education Association). Uno de los dos principales sindicatos de maestros junto con la Federación Americana de Maestros (American Federation of Teachers, AFT).

Nicaragua, revolución en – El 19 de julio de 1979, una insurrección dirigida por el Frente Sandinista de Liberación Nacional derrocó la tiranía de la familia Somoza apoyada por Washington. El gobierno de trabajadores y campesinos dirigido por el FSLN movilizó a las clases productoras contra latifundistas y capitalistas, y en 1987 derrotó la guerra contrarrevolucionaria instigada por el imperialismo estadounidense. Dio ímpetu a luchas populares en Centroamérica y forjó lazos con las revoluciones en Cuba y Granada. A fines de los 80, a medida que la dirección del FSLN abandonaba una trayectoria revolucionaria, los trabajadores y campesinos se apartaron de ella. Se mantuvieron las relaciones sociales capitalistas. *Ver también*: Somoza Debayle, Anastasio.

Obreros del Acero Resisten (Steelworkers Fight Back) – Movimiento de obreros de filas iniciado en 1975 en el Sindicato Unido de Obreros del Acero (USWA) bajo el liderazgo de Ed Sadlowski, presidente del Distrito 31 del USWA (Chicago y noroeste de Indiana). Luchaba por el derecho de los miembros a hacer huelgas y votar sobre convenios. En 1977 Sadlowski se postuló a presidente del USWA contra Lloyd McBride, candidato de la cúpula sindical, que confabulaba con los patrones. Sadlowski ganó en las fábricas básicas del acero y muchos talleres menores, pero los funcionarios del USWA lo declararon perdedor con un 42 por ciento de los votos.

OCAW – Sindicato de Obreros Petroleros, Químicos y Atómicos (Oil, Chemical and Atomic Workers). En 2005 se integró al Sindicato Unido de Obreros del Acero (USWA).

Oklahoma City, campaña de sindicalización del UAW en – En julio de 1979, los obreros de la fábrica de General Motors en Oklahoma City votaron por un margen de 2 a 1 a favor de afiliarse al Sindicato Unido de Obreros Automotrices (UAW).

OPEIU – Sindicato Internacional de Empleados de Oficina y Profesionales (Office and Professional Employees International Union).

Partido de los Agricultores y Trabajadores (Farmer-Labor Party, FLP) – Fundado en Minnesota en 1918, durante la Primera Guerra Mundial, por sindicatos y grupos de agricultores, con apoyo de sectores de clase media urbana. Postuló candidatos contra los partidos Demócrata y Republicano en elecciones estatales y para el Congreso pero se limitaba a un programa de reformas capitalistas. Se orientó hacia la administración demócrata de Franklin Roosevelt durante la crisis económica y social de los 30. El FLP se disolvió entrando al Partido Demócrata durante la Segunda Guerra Mundial.

Partido Socialista de los Trabajadores: Comité Nacional – Máximo órgano directivo del partido entre congresos, cuyos delegados lo eligen. El Comité Nacional elige al Comité Político, que responde a este e implementa las decisiones del partido entre las reuniones del Comité Nacional.

Partido Socialista de los Trabajadores: ramas, locales, distritos – La rama es la unidad básica del PST, con cinco miembros o más. De acuerdo a la constitución del PST, "cuando tres o más ramas existen en la misma localidad", constituyen un local y eligen un comité ejecutivo local. Por decisión del Comité Nacional del partido, comités ejecutivos estatales o distritales pueden ser elegidos para orientar el trabajo del partido en regiones geográficas más extensas.

Perspectiva Mundial – Revista socialista en español que comenzó en 1977. En 2005 se combinó con el semanario *The Militant*, convirtiéndose en la sección llamada *El Militante*.

Plusvalía – La parte del valor creado por trabajadores en la producción capitalista que la burguesía se apropia como excedente en vez de pagarla a los trabajadores como salario. Es la fuente de ganancias, rentas e intereses, que los rivales capitalistas en industrias, el comercio y las finanzas se reparten mediante la competencia.

Pulmón negro, enfermedad del – Enfermedad incurable, a menudo fatal, causada por la aspiración de polvo de carbón y sílice. En los años 60 y principios de los 70, impulsados por la lucha contra el pulmón negro, los mineros de filas organizaron una poderosa insurgencia en el Sindicato Unido de Mineros (UMWA) para reemplazar a la burocracia sindical confabulada con los patrones. Con paros y protestas de masas organizadas por la Asociación del Pulmón Negro, Mineros Incapacitados y Viudas, y Mineros por la Democracia, lograron conquistas importantes: leyes federales y estatales que imponían límites a los niveles de polvo, la creación de clínicas financiadas por empresas mineras y, sobre todo, de comités sindicales de seguridad con la facultad de parar la producción por violaciones de salud y seguridad. La incidencia del pulmón negro bajó en un 90 por ciento desde los años 70 hasta mediados de los 90. A medida que las empresas cerraron minas sin que el UMWA lo contrarrestara sindicalizando más minas, los comités de seguridad se vieron debilitados o eliminados. El pulmón negro repuntó virulentamente: en 2017, un 20 por ciento de los mineros en los Apalaches padecían la enfermedad, y el alza fue aún más brusca entre los que tenían menos de 10 años en las minas. *Ver también*: Huelga del carbón (1977–78); Mineros por la Democracia; UMWA.

Recesión (1974–75) – Hasta la fecha, la contracción de producción y comercio más profunda y prolongada desde la Gran Depresión de los años 30. En Estados Unidos el desempleo aumentó al 9 por ciento.

Sankara, Thomas – *Ver* Burkina Faso.

Somoza Debayle, Anastasio (1925–1980) – Último dictador de la dinastía de la familia Somoza instaurada en Nicaragua en 1936.

Gobernó desde 1967 hasta el triunfo revolucionario en julio de 1979. Asesinado en Paraguay en 1980.

Soviets – Estos organismos, cuyo nombre significa "consejos" en ruso, surgieron en las revoluciones de 1905 y 1917 y eran electos por trabajadores, campesinos, soldados y marineros para representarlos en la lucha. En octubre de 1917, a iniciativa de los bolcheviques dirigidos por Lenin, el pueblo trabajador derrocó al Gobierno Provisional capitalista y estableció una república de trabajadores y campesinos basada en los soviets. *Ver también*: Bolcheviques; Lenin, V.I.; Trotsky, León.

Teamsters – Hermandad Internacional de Teamsters (International Brotherhood of Teamsters, IBT) fundada en 1903, cuando el transporte urbano de carga era con tiros (*teams*) de caballos guiados por conductores (*teamsters*). Al surgir los camiones motorizados, los choferes se sindicalizaron a nivel local en gremios de oficio. Las campañas de sindicalización de los años 30 aglutinaron a un cuarto de millón de choferes de larga distancia en los Teamsters, organizado como sindicato industrial. *Ver también*: Brown, Bill.

Teamsters, serie sobre – *Rebelión Teamster, Poder Teamster, Política Teamster* y *Burocracia Teamster* son cuatro tomos sobre las huelgas y campañas de sindicalización de los años 30 que transformaron el sindicato Teamsters en Minneapolis y luego en todo el Medio Oeste en un combativo movimiento sindical industrial. Escritos por Farrell Dobbs, dirigente central de estas batallas y luego secretario nacional del PST. *Ver también*: Dobbs, Farrell.

Trabajador-bolchevique – Originalmente se refería a obreros de fábrica que eran cuadros del Partido Bolchevique en Rusia bajo la dirección de V.I. Lenin. El término lo usan los cuadros obreros de partidos comunistas cuya continuidad se remonta a los bolcheviques y la Internacional Comunista.

Trotsky, León (1879–1940) – Formó parte de la dirección central bolchevique bajo V.I. Lenin que dirigió la revolución de octu-

Glosario 215

bre de 1917 en Rusia y la Internacional Comunista. Comandó el Ejército Rojo en la guerra civil, 1918–1920, que derrotó a tropas contrarrevolucionarias y ejércitos imperialistas. Desde mediados de los años 20 dirigió la lucha mundial por mantener el curso proletario de Lenin en la Internacional Comunista, continuando esta lucha desde el exilio tras ser deportado de la URSS en 1929. Dirigente fundador de la Cuarta Internacional en 1938. Asesinado en México por orden de Stalin.

UAW – Sindicato Unido de Obreros Automotrices (United Auto Workers).

UMWA – Sindicato Unido de Mineros de América (United Mine Workers of America). Fundado en 1890, fue uno de primeros sindicatos en organizar a trabajadores negros. A mediados de los 30 rompió con la AFL, que se basaba en gremios de oficios, y fue un sindicato fundador del Congreso de Organizaciones Industriales (CIO).

USWA – Sindicato Unido de Obreros del Acero de América (United Steelworkers of America).

USWA, Local 8888 del (Newport News, Virginia) – Los obreros del enorme astillero de la Tenneco estuvieron en huelga casi tres meses desde principios de 1979. Ganaron el reconocimiento oficial del Local 8888 del Sindicato Unido de Obreros del Acero (USWA).

UTU – Sindicato Unido del Transporte (United Transportation Union), hoy llamado SMART TD. Fundado en 1969 por una fusión de los gremios de fogoneros, maquinistas, conductores, guardafrenos y guardagujas. Desde la fusión con la Asociación Internacional de Obreros Metalúrgicos (Sheet Metal Workers) en 2008, la sección ferroviaria del sindicato amalgamado adoptó su nuevo nombre.

Vietnam – En 1975, las fuerzas de liberación vietnamitas derrotaron el régimen instalado en el sur por Washington y expulsaron las últimas tropas norteamericanas. Reunificaron Vietnam, dividido en 1945 por el imperialismo francés, británico, y estadounidense. En 1979, cuando Hanoi se unió a la oposición camboyana para derrocar a la tiranía asesina de Pol Pot, el gobierno chino, que apoyaba a Pol Pot, invadió Vietnam. El PST apoyó el derrocamiento de Pol Pot y condenó la invasión por Beijing; en contraste, la mayoría de la izquierda radical en Estados Unidos y el mundo denunció a Vietnam. La invasión china fue repelida ese mismo año. *Ver también*: Camboya.

ÍNDICE

Abel, I.W., 69–70, 72–73
Aborto, 23, 98, 116
Acción afirmativa, 51, 120–21, 131, 154
Acción política obrera independiente, 15, 22, 31, 47–49, 52, 54–55, 98, 107, 112, 116, 128, 135, 144, 169, 199, 212
Agricultores, 17, 19, 22, 34, 94, 119
  y movimiento obrero, 51, 94, 107, 119, 184, 212
  Ver también Gobierno de trabajadores y agricultores
Ala izquierda con perspectiva de lucha de clases. *Ver* Teamsters, sindicato, local de Minneapolis; Sindicatos
Alianza de la Juventud Socialista, 7, 11, 30, 201
Angola, 34–35, 79, 201–2
Apalaches, los, 40, 44, 142, 210, 213
Apartheid. *Ver* Sudáfrica
Asociación Internacional de Mecanometalúrgicos (IAM), 41, 44, 129
Asociación Nacional de Educación (NEA), 32, 211
Astilleros, 44, 55
Atlantic Monthly, revista, 19

Background to 'The Struggle for a Proletarian Party' (Cannon), 181

Báez, Joan, 93
Balanoff, Jim, 70
Barnes, Jack, 7–8, 31, 54, 69–70, 75–76, 167, 195
BBC, red televisiva, 19
Bishop, Maurice, 25, 207
Blackstock, Nelson, 149
Bloomington (Indiana), caso de defensa en, 7
Bobroff, Ellen, 155–60
Bolcheviques. *Ver* Partido Bolchevique (Rusia)
Boston, lucha por desegregación racial en, 136–37, 202
Brown, Bill, 106–7, 202
Burkina Faso, 202–3

Cabo Verde, 34
Camboya (Kampuchea), 79, 93, 203, 215–16
Camioneros independientes, 51, 85, 203
Cannon, James P., 15–16, 20–21, 113–14, 181, 203–4, 209
  fracciones industriales del partido, 44–45, 59–60, 127
  "hablar de socialismo", 127
  liderazgo, desarrollo de, 33, 67
  "revolucionarios libres de ataduras", 60
Capitalismo en EEUU, 46–47, 49–50, 92–93, 169–70

217

ÍNDICE

Capitalismo en EEUU (*continuación*)
"Compre americano", campaña
para, 50, 120
crisis económica, 40, 81–84,
137–38, 168
inflación (años 70), 35, 47,
81–82, 84, 115, 204–5
ofensiva contra clase obrera,
9–10, 12–13, 17–19, 29, 32–33,
35–37, 42–44, 46–51, 72,
82–85, 89–90, 92, 101, 135,
148, 168–71, 198, 210
carne, petróleo, falsas
escaseces de (1973), 82,
85, 135
congelación de salarios
(1971), 34, 78, 82, 135,
204–5
y trabajo social de la clase obrera,
22–23, 39–40
Ver también Salud y atención
médica; Recesión (1974–75);
Desempleo
Carácter organizativo del Partido
Socialista de los Trabajadores
(resolución de 1965), 67
Carleton College (Minnesota), 7
Carter, James, 90, 208
Castro, Fidel, 25, 188–89
Centroamericanos en Miami,
Washington, 126
Chicanos
comunidades en Salt Lake City,
Denver, 126
lucha por derechos de, 37, 66, 71,
86, 91, 115
Choferes, 14, 110, 205, 214
Ver también Teamsters, sindicato
Chrysler, empresa, 115
Church, Sam, 146
"Cinturón del Sol", 121, 127
Ciudad Ho Chi Minh, Vietnam, 34

Clase trabajadora, 22–26, 28, 37–38,
50–51, 64, 79–80, 129, 169–70
aliados de, 32–33, 51, 94, 119,
184–85
cambios en composición de
(años 70), 37, 89–90
cambios de conciencia en, 84–86,
119–22, 128, 171
confianza en su capacidad de
lucha, 13, 26, 42, 53, 65–66,
71–72, 86, 92, 112, 152–54
como "deplorables", 14–15, 21–22
se desplaza al centro de la
política de EEUU, 13–14, 18–19,
29–30, 32–33, 35, 42–44
obreros industriales, fuerza
fundamental de los, 24,
40–42, 66
tendrán que ser derrotados
para restaurar expansión
capitalista, 138, 168, 170–71
solidaridad, 13, 23, 26, 50–55, 90,
98–101, 103, 107, 115, 119, 131,
136–37, 142, 144, 147, 153, 170
internacional, 35, 133, 185
trabajadores jóvenes, 37, 42, 51,
129
Ver también Capitalismo,
ofensiva contra clase obrera;
Sindicatos
CNN, red televisiva, 19
Coalición de Mujeres Sindicalistas
(CLUW), 135, 204
Colaboración de clases. *Ver*
Sindicatos, burocracia
Comerciantes pequeños, 21, 94
Comité Pro Derecho al Voto
(UTU), 36, 135, 204
Comité Pro Trato Justo a Cuba, 7
"Como el sindicato Teamsters
organizó a los camioneros
independientes en los años 30"
(Dobbs), 203

Composición de clase del PST.
  Ver Partido Socialista de los
  Trabajadores, programa y
  composición proletarios
"Compre americano", campaña para,
  50, 120
Comunismo, 10, 39, 91
  "no una doctrina sino un
  movimiento", 14, 102, 195–99
Conciencia de clase, 13–15, 18–25,
  31, 41, 51–52, 55, 91–92, 119–22,
  206
  ataques de "meritocracia" e
  "izquierda" de clase media
  contra, 19–23, 25
  importancia de
  Cannon, James P., 20–21
  Marx, Engels, 10, 19–21
  Trotsky, 15–16, 112–14
  y movimientos de protestas
  sociales, 86–89, 91–92
  "nosotros" en vez de "yo", 71,
  119–20
  y poder sindical, 53, 74, 128, 154
  recesión de 1974–75, efecto sobre,
  38, 76, 84–86
  Ver también Solidaridad
Congreso de Organizaciones
  Industriales (CIO), 42, 204
"Construir un partido
  revolucionario de trabajadores
  socialistas" (resolución del PST
  de 1979), 76
Cordillera de Hierro, Minnesota,
  huelga en (1977), 36, 50, 52, 59,
  208
Corea, 80
Correos, huelga de trabajadores de
  (1969), 135
Corte Suprema de EEUU, 120
"Crisis del marxismo", 93
Cuarta Internacional, 167–94, 205

Cubano-americanos en Miami, 126
Cuidado infantil, 51

Desempleo, 35, 47, 51, 84, 114–15,
  198
Discapacitados, lucha por derechos
  de, 92
Dobbs, Farrell, 16–18, 57, 134, 203,
  205–6, 209
  caucus negros en sindicatos
  (memorándum de 1969), 134
  política militar proletaria en
  guerra de Vietnam (resolución
  de 1969), 134
  Teamsters, serie sobre, 16–17, 54,
  103–11, 214
Dunne, Vincent R., 114

"Economía *gig*", 14
Economicismo, 172, 183–84, 191,
  206
Ellis, Susan, 150–52
Empleados públicos, ataques
  contra, 44, 46, 84, 135
En defensa del marxismo (Trotsky),
  15, 67, 113
Energética, industria,
  nacionalización de, 115
Engels, Federico, 10, 14, 102, 117,
  206
  y Karl Heinzen, 195–96
  y Manifiesto Comunista, 10, 14,
  20, 91, 195–98, 206–7, 210
Enmienda Pro Igualdad de
  Derechos (ERA), 98, 115–16, 143,
  151, 154, 206
Escuela Trotsky, 62, 207
Espontaneísmo, 184, 207
Etiopía, 34, 79, 207

FBI, operaciones de espionaje del,
  78–79, 85

Federación Americana de
Empleados Estatales, de
Condado y Municipales
(AFSCME), 32, 44–45, 201
reduciendo el "elemento
AFSCME" en el PST, 45–46
Federación Americana de Maestros
(AFT), 44–46, 201, 211
Ferroviarios, obreros, 44, 125, 135
condiciones seguras de trabajo,
14, 23, 36, 210
Ver también Milwaukee,
Ferrocarril de, campaña de
obreros contra quiebra del;
Comité pro Derecho al Voto
(UTU)
*First Five Years of the Communist
International* (Trotsky), 138–40
Flint, Eric, 149
Flint, Rosalinda, 149
Fraenzl, Clare, 142, 153
Francia, 34

Gallup, encuesta, 57
General Electric, huelga de (1969),
135
Gobierno de trabajadores y
agricultores, 18, 91, 96, 117, 119
Golfo Arábigo, 81
Granada, revolución en, 79, 101, 115,
128, 168, 189, 203, 207, 211
"Guerreros de justicia social", 21
Guevara, Ernesto Che, 25
Guinea-Bissau, 34

Hall, Betty Jean, 153
Halstead, Fred, 55, 207–8
Harvard, universidad, 19
Heinzen, Karl, 195–96
*Historial antiobrero de los Clinton:
Por qué Washington le teme al
pueblo trabajador* (Barnes), 8

Hoover, Herbert, 105
Hovland, Bill, 159

Imperialismo norteamericano, 40,
79–81, 140
conscripción, 80–81, 146
creciente crisis mundial del, 12,
168
declive relativo del, 34, 77–81
Guerra de Vietnam, 7–8, 11–12,
34, 55, 76–81, 93, 134, 142,
215–16
Segunda Guerra Mundial, 15,
20–21, 78–79, 104, 110
Indígenas, lucha por derechos de, 115
Inflación, 35, 47, 81–82, 84, 115, 204
Inmigrantes, trabajadores, 22–23,
50–51, 126, 171
Internacional Comunista, 10, 16,
30, 111, 138–39, 168, 189, 202–5,
208–9, 214
"Interseccionalidad", 20
Irán, 79–80, 101, 146, 168, 208–9

Johnston, Sara Jean, 155–58

Kaiser Aluminum, empresa, 120–21
Kampuchea (Camboya), 79, 93, 203
Kitt #1, mina (Virginia del Oeste),
159
Kmec, Andrew, 70

Laos, 79
Lawson, Dave, 155
Lenin, V.I., 16, 58, 67, 95, 117, 202,
204, 207, 209, 214–15
Internacional Comunista, 111,
138–39, 168, 205, 208
Partido Obrero Socialdemócrata
Ruso, 30, 202
Revolución Rusa (octubre 1917),
10, 16, 57, 214

Ley Smith "de la mordaza", 79, 206, 209
Liga Comunista (1847), 196
Liga Comunista de América (1929-34), 202, 204
Ligas Comunistas (años 80 hasta hoy), 167
Local 544-CIO (Minneapolis). Ver Teamsters, sindicato, local de Minneapolis
Local 574 (Minneapolis). Ver Teamsters, sindicato, local de Minneapolis
Lovell, Frank, 135
Lucha por un partido proletario (Cannon), 15, 67, 113, 181
Luxemburgo, Rosa, 172, 209-10

Malcolm X, 8, 25, 197-98
Malcolm X, la liberación de los negros y el camino al poder obrero (Barnes), 8, 17-18, 54
Manifiesto Comunista (Marx y Engels), 10, 20, 91, 195-97, 206, 210
Marx, Carlos, 17, 39, 102, 117, 206, 210
y Manifiesto Comunista, 10, 20, 91, 195-98, 206, 210
Marxismo, 63, 91, 102, 125, 195-99
Ver también "Crisis del marxismo"
Materialismo histórico, 91
McBride, Lloyd, 69-71, 211
McDonnell Douglas, aviones de, 129
"Meritocracia" e "izquierda" de clase media, 19-22, 25, 93-94, 172
Mexicanos en Salt Lake City, Denver, 126
Militante, semanario, 11, 34, 38, 51, 70, 102, 114, 117, 125, 130, 134, 143, 149, 154-57, 161, 212

Militante, semanario *(continuación)*
influencia del, 17-18
trabajadores, artículos escritos por, 125, 145
ventas a entrada de fábrica, 62, 149
ataque en entrada de mina (Alabama, 1979), 149
Ver también Partido Socialista de los Trabajadores, actividad propagandística en clase obrera
Miller, Arnold, 147, 153, 210
Milwaukee, Ferrocarril de, campaña de obreros contra quiebra del, 85-86, 115, 129, 131, 210
Mineros del carbón
lucha por salarios adeudados (2019), 23
Ver también Sindicato Unido de Mineros
Mineros por la Democracia, 36, 147, 213, 210
Montgomery, Oliver, 69-70
Monthly Review, revista, 93
Moriarty, Tom, 142, 146-50
Movimientos de protestas sociales y políticas, 26, 37, 46-47, 50-52, 60-61, 75, 86-89, 90, 98-101
interacción con luchas obreras, 91-92, 117, 184-85
participación de compañeros de trabajo en, 60-61, 98-101
Mozambique, 34
Mujeres, en fuerza laboral, 37, 86-89
Mujeres, lucha por derechos de, 12, 18, 21, 28, 51, 65-66, 71, 128, 145, 184-86
y el caso *Weber*, 120-21
Coalición de Mujeres Sindicalistas (CLUW), 135

Mujeres, lucha por derechos de (*continuación*)
Conferencia de Mujeres del UMWA, 145, 151
derecho al aborto, 23, 98, 116
Enmienda Pro Igualdad de Derechos, 98–101, 115–16
impacto de ofensiva de clase dominante en, 35, 46, 92
y el poder de los sindicatos, 51, 86–89, 119, 131
Proyecto de Empleo en las Minas de Carbón (CEP), 152–53

Nacionalidades oprimidas, 28–29, 35, 37, 46, 51, 65–66, 119, 171, 183–86, 209
Ver también Chicanos; Indígenas; Negros; Puertorriqueños
Namibia, 201–2
Negros, lucha por derechos de, 18–20, 28–29, 35, 65–66, 78, 84, 91–92, 101, 115, 120–21, 128, 186, 197–98
y gobierno de trabajadores y agricultores, 18–19, 119
y Obreros del Acero Resisten, 71
y sindicatos, 51, 55, 86–89, 134, 215
Ver también Boston, lucha por desegregación racial en (1974)
Newport News, Virginia, huelga del sindicato del acero en, 122, 131, 144–45, 215
New Yorker, revista, 19
New York Times, 19
Nicaragua, revolución en, 79–80, 101, 115, 128, 168, 189, 211, 213–14
Ver también Somoza, Anastasio
Nixon, Richard, 34, 78, 81–82, 135, 204

Northwest Organizer (semanario de Teamsters de Minneapolis), 161
"Nueva clase obrera", teoría de, 41
Nueva Internacional, revista, 8, 81, 139
Nueva York, 47, 84, 93, 127, 135, 142
Nuevo Trato (administración Roosevelt), 78

Oberlin College, 19
Obreros del Acero Resisten (1976–77), 11, 35–36, 38, 61, 69–74, 136, 211
Ver también Sadlowski, Ed; Sindicato Unido de Obreros del Acero
Oklahoma City, campaña de sindicalización de automotrices en (1979), 122, 211–12

Partido Bolchevique (Rusia), 10, 15–16, 30, 67, 95, 111, 172, 189, 202
Partido Comunista (EEUU), 78
fundación y primeros años, 30, 111, 203–4
Partido de los Agricultores y Trabajadores (FLP), 107, 212
Partido Demócrata, 12, 78, 212
y burocracia sindical, 116, 162
independencia obrera frente al, 15, 22, 31, 48–49, 55, 98, 107, 112, 116, 135–36, 170, 199
Partido obrero basado en sindicatos (*labor party*), 49, 52, 107, 116, 144, 212
Partido Obrero Socialdemócrata Ruso, 30, 202
Partido proletario. Ver Partido Socialista de los Trabajadores, programa y composición proletarios

Partido Republicano, 12, 78
  independencia obrera frente al,
    15, 22–23, 31, 47–49, 54–55, 98,
    107, 112, 116, 135, 170, 199
Partido Socialista de los
    Trabajadores, 7–8, 19, 62, 75–76,
    111, 116–17, 206–7, 212
  actividad propagandística en
    clase obrera, 17, 38, 53, 60–61,
    98, 101–2, 128–29
  campañas electorales, 28, 53,
    98, 101, 128–29, 149, 159
  foros, 38, 53, 98, 101
  libros sobre historia obrera,
    16–17, 38, 53, 60, 98–101,
    128, 146
  Militante, venta del, 17–18, 28,
    53, 60, 62, 98, 128
    y campaña del Ferrocarril
      de Milwaukee, 131
    a mineros del carbón,
      142–49, 154–57
  dirección, 27–28, 31–33, 38, 58,
    66–67
    Comité Nacional, 7, 12, 27–28,
      29, 57, 61–63, 66, 75–77,
      123–24, 136, 141, 195, 212
    Comité Político, 30, 32, 62–63,
      76, 124, 134, 141, 212
  oposición pequeñoburguesa en
    (años 30), 15, 20–21, 181
  programa de 1938, 26, 111–14
  programa y composición
    proletarios, 9, 15, 19–21, 24–26,
    29–32, 37, 58, 63–64, 76, 95, 110,
    171–74, 181–83, 186–90, 193, 214
    continuidad revolucionaria
      de, 9, 15–19, 30, 37, 57–58,
      64, 76, 95, 110–11, 171–74,
      181–82, 186–90, 193–94
  Ver también Teamsters, sindicato,
    local de Minneapolis; Viraje a
    la industria del PST

Partido Socialista de los
    Trabajadores, fracciones
    sindicales, 16, 38, 44–45, 53–58,
    61, 76, 98–105, 116, 122–40
  y cargos en sindicato, 129–31,
    161–65, 177
  y ramas del partido, 61–62, 144,
    180
  responsabilidades de, 53, 56, 175
    aprender destrezas y aprender
      sobre la industria, 55, 144–
      46, 150–52, 154–60
    reclutamiento, 28, 61, 66, 95,
      101–2, 110, 133, 142, 160, 171–
      72, 177–79, 182, 189, 192–93
  Ver también Sindicato Unido de
    Mineros, Sindicato Unido de
    Obreros del Acero, Sindicato
    Unido del Transporte,
    Teamsters
"Pensar en términos sociales, actuar
  en términos políticos", 31, 127,
  183
Pensiones, 46–47, 144, 208
Perspectiva Mundial, revista
  mensual, 62, 212
Pescadores, 51
Piedmont (Carolina del Norte), 127
Planificación familiar, 98
Plusvalía, 28, 39–40, 80, 169–70,
  212
Pol Pot, 93, 203, 216
Policía, brutalidad de, 23, 101, 115
"Política de identidad", 20
Política militar proletaria en guerra
  de Vietnam (resolución de 1969,
  Dobbs), 134
Portugal, 34, 201
*Programa de transición para la
  revolución socialista* (Trotsky),
  111–14
Proteccionismo, 50, 120

Proyecto de Empleo en las Minas
de Carbón (CEP), 152–53
Puertorriqueños, lucha por
derechos de, 37, 65–66, 86
Pulley, Andrew, 116, 128–29
Pulmón negro, enfermedad del, 36,
210, 213

Race-baiting, 19–21, 120
Recent Trends in the Labor
Movement (Dobbs), 134
Recesión (1974–75), 33–34, 38, 76,
84, 169, 213
"Redes sociales", 19
Revolución Cubana, 7–8, 24, 35,
101, 115, 126, 128, 188–89, 201–2
Ver también Comité Pro Trato
Justo a Cuba
Revolución Rusa (octubre 1917), 10,
16, 24, 57, 111, 210, 214
Revolutionary Strategy in the Fight
against the Vietnam War, 134
Rodríguez, Nash, 70
Roosevelt, Franklin, 78–79, 104, 212
Rostro cambiante de la política
en Estados Unidos: La política
obrera y los sindicatos (Barnes),
10, 76, 207

Sadlowski, Ed, 69–74, 136, 211
Salarios, congelamiento de (1971),
34, 82, 135, 204
Salud y atención médica, 10, 36, 44,
47, 49, 98, 208
San Francisco, 127
Sankara, Thomas, 25, 202–3
Scholl, Marvel, 11, 130, 161–65
Segregación, batalla contra, 11, 71,
101, 136–37, 141, 202
Segunda Guerra Mundial, 20, 78,
111

Seguridad en el trabajo,
condiciones de, 10, 36, 49, 101,
115, 128, 131
en minas de carbón, 145–47,
149–51, 155, 157, 159, 208, 213
Ver también Ferroviarios,
obreros; Pulmón negro,
enfermedad del
Selected Articles on the Labor
Movement (Dobbs), 134
Selected Documents on SWP Trade
Union Policy, 134
Shachtman, Max, 114
Shilman, Ken, 141–60
Sindicato de Obreros Petroleros,
Químicos y Atómicos (OCAW),
44, 61, 211
Sindicato Internacional de
Empleados de Oficina y
Profesionales (OPEIU), 32
Sindicato Unido de Mineros
(UMWA), 11–13, 36, 40–42, 44,
141–60, 215
condiciones seguras en minas,
lucha por, 144–46, 155–56, 213
fracción del PST en, 133, 141–60
huelgas
de 110 días (1977–78), 40, 44,
50–52, 55, 90, 131, 208
Jericol (Kentucky, 1977–79),
144, 147–48
Stearns (Kentucky, 1977–79),
147–48
Mineros por la Democracia, 36,
210–11
mujeres mineras, 145, 150–54
Conferencia de Mujeres
(1979), 145, 151–54
y marcha de Sindicatos Pro
Igualdad de Derechos Ya
(Virginia, 1979), 151, 154

Sindicato Unido de Mineros
(UMWA)
    mujeres mineras (*continuación*)
        Ver también Proyecto de
            Empleo en las Minas de
            Carbón
    pulmón negro, enfermedad del,
        36, 213
    solidaridad recibida de otros
        sindicatos, 90, 131, 147, 153
    Ver también Mineros del carbón
Sindicato Unido de Obreros
    Automotrices (UAW), 12–13,
    41–42, 44
    Oklahoma City, campaña de
        sindicalización en (1979), 122,
        211–12
Sindicato Unido de Obreros del
    Acero (USWA), 41–42, 115, 120–22
    Acuerdo Experimental de
        Negociación (pacto de no
        hacer huelgas, 1973), 49, 201
    fracción del PST en, 55, 129,
        131–32
    huelgas
        Cordillera de Hierro
            (Minnesota, 1977), 36, 50,
            52, 59, 208
        Newport News, Virginia,
            huelga y campaña de
            sindicalización (1979), 122,
            131, 144–45, 215
    Ver también Obreros del Acero
        Resisten
Sindicato Unido de Trabajadores del
    Transporte (UTU), 115, 131, 215
    Comité Pro Derecho al Voto, 36,
        135, 204
Sindicatos, 10, 13, 24, 52, 83, 150–51
    acciones sindicales
        organizando a los no
            sindicalizados, 24, 40, 96,
            98, 107, 114

Sindicatos
    acciones sindicales (*continuación*)
        solidaridad con otras luchas,
            13–14, 23–24, 26, 50–55,
            90, 98–101, 103, 107, 115–21
            130–33, 135–37, 141–42,
            144–45, 147, 152–53, 170
    ala izquierda con perspectiva de
        lucha de clases, forjar un, 31,
        66, 91–92, 95–103, 133
    batallas de años treinta, 30, 16,
        21, 42, 103–11
    burocracia, 52–53, 96–97, 138–39,
        161–65
    colaboración de clases, 41,
        47–50, 60, 73–74, 96–98,
        119–20, 127, 210
    "domesticación" de, 164–65
    Ver también Abel, I.W.
    caucus negros en (memorándum
        de 1969, Dobbs), 134
    cuotas para combatir
        discriminación, 120–21
    democracia sindical, lucha por,
        49–55, 70–72, 98, 103, 115, 146,
        170
    dirección proletaria, surgimiento
        de, 31, 51–52, 65, 97, 102–3,
        107–110
    instrumentos revolucionarios
        de lucha de clases, 24, 64, 83,
        96–97, 117
    ofensiva de gobernantes contra,
        9–10, 12, 17–19, 29, 32–33, 35–37,
        42–44, 46–51, 72, 82–86, 90,
        92–93, 98–101, 135, 148, 168–71,
        198–99, 210
    periferia, atraer una, 101–2, 110
    programa del partido,
        presentándolo en, 17–18, 28, 38,
        53, 60–61, 98–102, 107–10, 128

Índice 225

Sindicatos (*continuación*)
reflujo
  durante Guerra Fría, 104–5
  a fines del siglo XX, 12–13, 41, 127
  Ver también Acción política obrera independiente, Partido obrero basado en sindicatos
"Sindicatos en la época de la decadencia imperialista" (Trotsky), 18, 54, 96
Sindicatos Pro Igualdad de Derechos Ya (LERN), marcha de (Richmond, Virginia, 1980), 151
"Sociedad post-industrial", teoría de, 41
Solidaridad, 13, 50–51, 103, 107, 115, 147
  internacional, 35, 50, 98–101, 133, 170, 185
  con batallas obreras, 26, 36, 50, 53, 55, 90, 131, 135, 142, 144–45, 153, 208
  con luchas sociales y políticas, 23, 119, 131, 137
Somoza, Anastasio, 79–80, 211, 213
¿Son ricos porque son inteligentes? Clase, privilegio y aprendizaje en el capitalismo (Barnes), 17, 21–22
Soviets (consejos), 64, 112, 209, 214
Soweto, Sudáfrica, levantamiento en (1976), 35
Sparrows Point, fábrica de acero de (Baltimore), 55, 129, 131
Stalin, José, 16, 96, 205, 209, 215
Standard Oil of Ohio, 159
"Su transformación y la nuestra", 81
Sudáfrica, 35, 101, 148–49, 201–3
Sweezy, Paul, y "crisis del marxismo", 93

Teamsters, serie sobre (Dobbs), 16, 54, 103–5, 110, 214
Teamsters, sindicato, 214
  local de Minneapolis, 42, 78–79, 85, 103–110, 133, 161, 202, 209
Trabajador-bolchevique, 33, 58–61, 214
Trabajo social de la clase obrera, 22, 39–40
Tribunos del pueblo y los sindicatos (Marx, Lenin, Trotsky, Dobbs, Barnes), 17–18, 54, 96, 114
Trotsky, León, 15–16, 18, 54, 67, 96, 117, 181–82, 204, 208
Cuarta Internacional, 16, 172, 205, 214–15
Internacional Comunista, 138–39, 208, 214–15
PST, 111–14, 181–82
"pensar en términos sociales, actuar en términos políticos", 31, 127

Unión Soviética, 16

Vietnam, 34, 76, 79, 93, 215–16
Vietnam, guerra de, 82
  movimiento contra, 8, 11–12, 55, 77, 207–8
  y política militar del PST, 134
Viraje a la industria, 12–15, 27–67, 172–74, 181–82, 187, 193–94
  decisión de hacer viraje (1978), 27, 136, 172–73
  preparación para, 134–37
  respuesta de miembros del partido, 12, 76, 122–24
  por qué 1978, no antes, 29, 33–39, 76
  por qué fabricas grandes, 125, 177
  por qué industria pesada, 39–46

Viraje a la industria (continuación)
realizar en la práctica, 44–45,
95, 97, 106, 172–73, 175, 177–78,
182–84
primer año y medio del, 24,
75–140, 174–78
confianza gracias a participar
en, 53, 65–66, 92, 125, 152,
160, 185, 193
educación como parte de,
62–63, 180, 183–84
fracciones. *Ver* Partido
Socialista de los Trabajadores,
fracciones sindicales
y Cuarta Internacional, 31, 123,
167–94
progreso, necesidad de
estadísticas sobre, 187, 193–94
avances iniciales en Irán,
Canadá, Suecia, Nueva
Zelanda, 174

Viraje a la industria
(*continuación*)
y Socialistas Internacionales
(EEUU), "industrialización",
190–92
Partido Socialista de los
Trabajadores británico,
conclusiones del, 192

Walmart, 14, 23
Watergate, revelaciones de
(principios de años 70), 78
Weber, caso, 120–21, 131
Weinstock, Marvin, 70

Young Socialist, revista, 8

Zimmermann, Matilde, 116,
128–29
Zins, Mary, 142–46

Nueva Internacional
UNA REVISTA DE POLÍTICA Y TEORÍA MARXISTA

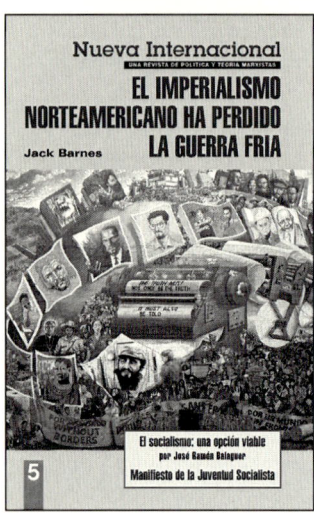

El imperialismo norteamericano ha perdido la Guerra Fría
JACK BARNES

El colapso de los regímenes en Europa Oriental y la URSS, que se autodenominaban comunistas, no significó que los trabajadores y agricultores ahí fueron derrotados. En los actuales conflictos y guerras capitalistas, estos trabajadores se han sumado a otros en el mundo en la lucha de clases contra la explotación. En *Nueva Internacional* no. 5. US$14. También en inglés, francés, persa y griego.

En defensa de la tierra y del trabajo

"La producción capitalista solo se desarrolla socavando simultáneamente las fuentes originales de toda la riqueza: la tierra y el trabajador".
—Carlos Marx, 1867

CUATRO ARTÍCULOS

EN *NUEVA INTERNACIONAL* NO. 7
- **Nuestra política empieza con el mundo**
  JACK BARNES
- **La agricultura, la ciencia y las clases trabajadoras**
  STEVE CLARK
- **El capitalismo, el trabajo y la transformación de la naturaleza: un intercambio**
  RICHARD LEVINS, STEVE CLARK

EN *NUEVA INTERNACIONAL* NO. 8
- **La custodia de la naturaleza también recae en la clase trabajadora**
  JACK BARNES, STEVE CLARK, MARY-ALICE WATERS

US$14 cada uno

US$12   US$20

US$15

Tres libros para ser leídos como uno

... sobre la construcción del único tipo de partido digno de llamarse revolucionario en la época imperialista.

- Un partido que es proletario en su programa, composición y conducta.
- Un partido que reconoce, con palabras y acciones, el hecho más revolucionario de esta época:

  Que los trabajadores —aquellos que los patrones y las capas privilegiadas temen y desprecian como "deplorables", "delincuentes" o simplemente "basura"— tenemos el poder de crear un mundo diferente cuando nos organizamos y actuamos juntos para defender nuestros intereses, no los de la clase que se enriquece explotando nuestra mano de obra. Que al ir avanzando por ese rumbo revolucionario, vamos a transformarnos y descubrir nuestras capacidades, nuestro valor.

Tres libros sobre la construcción de dicho partido en Estados Unidos y a nivel mundial.

¡Oferta especial!
Los tres por US$30

El viraje a la industria junto con *Los tribunos del pueblo y los sindicatos*   US$20

Cualquiera de estos dos junto con *Malcolm X, la liberación de los negros y el camino al poder obrero*   US$25

También relacionados con este libro...

¿Son ricos porque son inteligentes?
Clase, privilegio y aprendizaje en el capitalismo
JACK BARNES

Pone de relieve las crecientes desigualdades de clase en Estados Unidos y las justificaciones de las capas "profesionales" bien remuneradas que creen que su "brillantez" los califica para "regular" a los trabajadores, quienes supuestamente no saben lo que les conviene. US$10. También en inglés, francés y persa.

El historial antiobrero de los Clinton
Por qué Washington le teme al pueblo trabajador
JACK BARNES

Lo que el pueblo trabajador necesita saber sobre el curso, impulsado por el afán de lucro, que han seguido los demócratas y los republicanos por igual en los últimos 30 años. Y el despertar político de los trabajadores que buscan entender y resistir los ataques de los gobernantes capitalistas. US$10. También en inglés, francés, persa y griego.

Su Trotsky y el nuestro
JACK BARNES

Para dirigir a la clase trabajadora en una revolución, se requiere un partido proletario de masas cuyos cuadros hayan asimilado, desde mucho antes, un programa comunista, sean proletarios en su vida y su trabajo y deriven una profunda satisfacción de su actividad política siguiendo la marcha de la clase trabajadora hacia su emancipación. Este libro trata sobre la construcción de dicho partido. US$12. También en inglés, francés y persa.

Las luchas del sindicato Teamsters

FARRELL DOBBS

Desde las huelgas y campañas de sindicalización en el Medio Oeste en los años 30 que forjaron un combativo movimiento sindical industrial hasta la campaña de trabajadores conscientes contra los objetivos bélicos, impulsados por las ganancias, de los gobernantes norteamericanos.

Cuatro libros que "valen la pena leer, releer y repasar", según dice Jack Barnes. Entre más experiencia adquieran los trabajadores en la industria y los sindicatos, "más aprenderemos de esos libros cada vez que volvamos a leerlos".

US$16 cada uno. También en inglés. *Rebelión Teamster* también está en francés, persa y griego.

Transitional Program for Socialist Revolution

(El programa de transición para la revolución socialista)

LEÓN TROTSKY

El programa del Partido Socialista de los Trabajadores, redactado por Trotsky en 1938, sigue guiando al PST y a comunistas por todo el mundo. El partido "combate intransigentemente a todas las agrupaciones políticas que están atadas a las faldas de la burguesía. Su tarea: la abolición del dominio capitalista. Su objetivo: el socialismo. Su método: la revolución proletaria". US$17. También en persa.

WWW.PATHFINDERPRESS.COM

En defensa del marxismo
LEÓN TROTSKY
US$17. También en inglés.

La lucha por un partido proletario
JAMES P. CANNON

US$8. También en inglés.

Dos dirigentes obreros revolucionarios explican la exitosa lucha para mantener un curso político proletario ante las crecientes presiones imperialistas durante la escalada militar de Washington previa a la II Guerra Mundial. "La composición de clase del partido", dice Trotsky, "debe corresponder a su programa de clase".

El Manifiesto Comunista
CARLOS MARX Y FEDERICO ENGELS

El comunismo, explican los dirigentes fundadores del movimiento obrero revolucionario, no es un conjunto de principios preconcebidos sino la marcha de la clase obrera hacia el poder, que surge de "un movimiento histórico que se desarrolla ante nuestros ojos". US$5. También en inglés, francés, persa y árabe.

Más lectura

Zona Roja
Cuba y la batalla contra el ébola en África Occidental
ENRIQUE UBIETA GÓMEZ

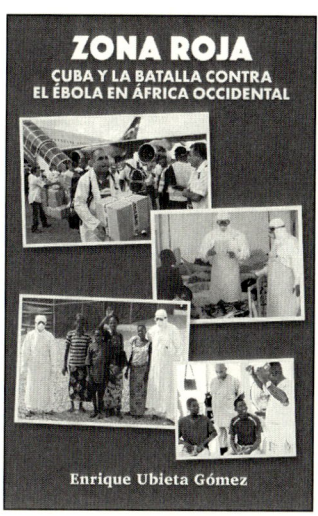

En 2014 África Occidental sufrió la mayor epidemia del ébola hasta la fecha. En respuesta a un llamado internacional, el gobierno socialista revolucionario de Cuba brindó lo que ningún otro país intentó aportar: 250 médicos y enfermeros voluntarios. "La acción heroica del ejército de batas blancas de Cuba ocupará un lugar de honor en la historia", dijo el dirigente cubano Fidel Castro. US$17. También en inglés.

Las mujeres en Cuba: Haciendo una revolución dentro de la revolución
VILMA ESPÍN, ASELA DE LOS SANTOS, YOLANDA FERRER

La integración de las mujeres a las filas y a la dirección de la Revolución Cubana fue parte inseparable de la trayectoria proletaria de esta desde el principio. Esta es la historia de esa revolución y cómo transformó a las mujeres y los hombres que la hicieron. US$17. También en inglés y griego.

Los cosméticos, las modas y la explotación de la mujer
JOSEPH HANSEN, EVELYN REED, MARY-ALICE WATERS

Explica cómo los capitalistas aprovechan la condición de segunda clase de la mujer en la sociedad de clases para promover cosméticos y sacar ganancias. Y cómo la integración de millones de mujeres a la fuerza laboral abre paso hacia la emancipación. US$12. También en inglés y persa.

WWW.PATHFINDERPRESS.COM

LA LUCHA DE CLASES EN ESTADOS UNIDOS

¿Es posible una revolución socialista en Estados Unidos?
Un debate necesario
entre el pueblo trabajador
MARY-ALICE WATERS

Un rotundo "sí" es la respuesta que se presenta aquí. Posible pero no inevitable. Eso depende de lo que haga el pueblo trabajador. US$7. También en inglés, francés y persa.

En defensa de la clase trabajadora norteamericana
MARY-ALICE WATERS

Basándose en las mejores tradiciones combativas de trabajadores de todos los colores de piel y orígenes nacionales, decenas de miles de trabajadores en Virginia del Oeste, Oklahoma, Florida y otros estados libraron huelgas victoriosas en 2018 y lograron restaurar el derecho a votar para ex presos. Los que Hillary Clinton tacha de "deplorables" han empezado a resistir. US$7. También en inglés, francés y persa.

La huelga de los obreros de la carne contra la Hormel en Austin, Minnesota, 1985–86
FRED HALSTEAD

La reñida huelga contra la Hormel dio inicio a una serie de batallas de obreros empacadores de carne que, junto con huelgas de obreros del papel, obreros de enlatadoras y mineros del carbón en el Oeste, frenaron la desbandada de los sindicatos norteamericanos que había comenzado con la recesión de 1981–82. US$5. También en inglés.

Cuba y la revolución norteamericana que viene
JACK BARNES

Sobre las luchas del pueblo trabajador en el corazón del imperialismo, sobre los jóvenes atraídos a ellas y el ejemplo del pueblo cubano, el cual muestra que una revolución no solo es necesaria: se puede hacer. Trata sobre la lucha de clases en Estados Unidos, donde hoy las fuerzas dominantes descartan las capacidades revolucionarias de los trabajadores y agricultores tan rotundamente como descartaron las del pueblo trabajador cubano. Y de forma igualmente errada. US$10. También en inglés, francés y persa.

La historia del trotskismo americano, 1928–38
Informe de un partícipe
JAMES P. CANNON

"El trotskismo no es un nuevo movimiento, una nueva doctrina, sino la restauración, el renacimiento del marxismo genuino tal como se expuso y se practicó en la Revolución Rusa y en los primeros días de la Internacional Comunista", dice Cannon, dirigente fundador del movimiento comunista en EEUU. US$17. También en inglés y francés.

"Son los pobres quienes enfrentan el salvajismo del sistema de 'justicia' en EEUU"
Los Cinco Cubanos hablan sobre su vida en la clase trabajadora norteamericana

Cinco revolucionarios cubanos explican los estragos humanos causados por la "justicia" capitalista. Y cómo se distingue Cuba socialista. US$10. También en inglés, persa y griego.

WWW.PATHFINDERPRESS.COM

DIRIGENTES REVOLUCIONARIOS EN SUS PROPIAS PALABRAS

Habla Malcolm X
"Los imperialistas astutos saben que la única manera de hacerte correr voluntariamente hacia la zorra es mostrándote un lobo". En discursos y entrevistas, Malcolm X presenta una alternativa revolucionaria a esta trampa reformista, abordando las alianzas políticas, los derechos de la mujer, la intervención de Washington en el Congo y Vietnam, capitalismo y socialismo, y más. US$15. También en inglés.

La última lucha de Lenin
Discursos y escritos, 1922–23
V.I. LENIN

En 1922 y 1923, V.I. Lenin, dirigente central de la primera revolución socialista, libró su última batalla política, lucha que tras su muerte se perdió. Lo que estaba en juego era si esa revolución, y el movimiento comunista internacional que esta dirigía, mantendría el curso proletario que había llevado al poder a los trabajadores y campesinos en octubre de 1917. US$17. También en inglés, persa y griego.

La revolución granadina, 1979–83
Discursos de Maurice Bishop y Fidel Castro
El triunfo de la revolución en la isla caribeña de Granada en 1979 bajo la dirección de Maurice Bishop dio esperanzas a millones en el continente americano. Valiosas lecciones sobre el gobierno de trabajadores y agricultores que fue derrocado en 1983 en un golpe de estado estalinista. US$10

El socialismo y el hombre en Cuba
ERNESTO CHE GUEVARA, FIDEL CASTRO

Uno de los documentos revolucionarios más profundos jamás escritos. "El hombre realmente alcanza su plena condición humana cuando produce sin la compulsión de la necesidad física de venderse como mercancía".
—Ernesto Che Guevara, 1965. US$10. También en inglés, francés, persa y griego.

Somos herederos de las revoluciones del mundo
Discursos de la revolución de Burkina Faso, 1983–87
THOMAS SANKARA

Los campesinos y trabajadores en este país de África Occidental crearon un gobierno popular revolucionario y comenzaron a combatir el hambre, el analfabetismo y el atraso económico impuestos por la dominación imperialista, así como la opresión de la mujer heredada de la sociedad de clases desde hace milenios. Cinco discursos del dirigente de esta revolución. US$10. También en inglés, francés y persa.

Puerto Rico: La independencia es una necesidad
RAFAEL CANCEL MIRANDA

Este dirigente independentista puertorriqueño, uno de los cinco encarcelados por Washington por más de 25 años, hasta 1979, habla sobre la realidad brutal del coloniaje norteamericano, el ejemplo de la revolución socialista cubana y la lucha actual por la independencia. US$5. También en inglés y persa.

WWW.PATHFINDERPRESS.COM

TAMBIÉN DE PATHFINDER

El socialismo en el banquillo de los acusados
Testimonio en el juicio por sedición en Minneapolis

JAMES P. CANNON

El programa revolucionario de la clase trabajadora, tal como fue presentado en respuesta a cargos fabricados de "conspiración sediciosa" en 1941, en vísperas del ingreso de Washington a la Segunda Guerra Mundial. Los acusados eran dirigentes del movimiento obrero en Minneapolis y del Partido Socialista de los Trabajadores. US$15. También en inglés, francés y persa.

Cuba y Angola: La guerra por la libertad
HARRY VILLEGAS ("POMBO")

La historia del aporte inédito de Cuba a la lucha por liberar África del azote del apartheid. Y de cómo se fortaleció así la revolución socialista cubana. US$10. También en inglés.

Art and Revolution
Writings on Literature, Politics, and Culture
(Arte y revolución: Escritos sobre literatura, política y cultura)

LEÓN TROTSKY

"El arte puede ser un fuerte aliado de la revolución sólo cuando se mantiene fiel a sí misma", escribió Trotsky en 1938. En inglés. US$15

¡Qué lejos hemos llegado los esclavos!
Sudáfrica y Cuba en el mundo de hoy

NELSON MANDELA, FIDEL CASTRO

Hablando juntos en Cuba en 1991, Mandela y Castro abordan el papel de Cuba en la historia de África y de la victoria de Angola contra el ejército invasor sudafricano, y la consiguiente aceleración de la lucha que derrocó el sistema racista del apartheid. US$7. También en inglés y persa.

Labor's Giant Step
The First Twenty Years of the CIO: 1936–55
(El paso de gigante del movimiento obrero: Los primeros 20 años del CIO, 1936–55)

ART PREIS

La historia de las explosivas luchas obreras y batallas políticas de la década de 1930 que forjaron los sindicatos industriales. Y cómo esos sindicatos se convirtieron en vanguardia de un movimiento social de masas que comenzó a transformar la sociedad estadounidense. En inglés. US$27

El capitalismo y la transformación de África
Reportajes desde Guinea Ecuatorial

MARY-ALICE WATERS, MARTÍN KOPPEL

Describe cómo, a medida que Guinea Ecuatorial se ve integrada al mercado mundial, van naciendo tanto una clase capitalista como una clase trabajadora. También documenta la labor de los voluntarios de la salud cubanos en ese país: una expresión del ejemplo vivo de la revolución socialista cubana. US$10. También en inglés y persa.

WWW.PATHFINDERPRESS.COM

PATHFINDER EN EL MUNDO

Visite nuestro sitio web para una lista completa de títulos
y hacer pedidos

www.pathfinderpress.com

DISTRIBUIDORES DE PATHFINDER

ESTADOS UNIDOS
(y América Latina, el Caribe y el este de Asia)
Pathfinder Books, 306 West 37th St., 13⁰ piso
Nueva York, NY 10018

CANADÁ
Pathfinder Books, 7107 St. Denis, Suite 204
Montreal, QC H2S 2S5

REINO UNIDO
(y Europa, África, el Medio Oriente y el sur de Asia)
Pathfinder Books, 5 Norman Rd.
Seven Sisters, London N15 4ND

AUSTRALIA
(y el sureste de Asia y Oceanía)
Pathfinder Books, Suite 22, 10 Bridge St.
Granville, Sydney, NSW 2142

NUEVA ZELANDA
Pathfinder Books, 188a Onehunga Mall Rd., Onehunga, Auckland 1061
Dirección Postal: P.O. Box 13857, Auckland 1643

Afíliese al Club de Lectores de Pathfinder
para obtener un 25% de descuento
en todos los títulos de Pathfinder
y mayores descuentos en ofertas
especiales. Inscríbase en
www.pathfinderpress.com
o a través de los distribuidores
listados arriba.
US$10 al año